AF280170

Dieses Buch widme ich meinen Kindern:
Nicole, Johanna, Manuel und Jonathan,
die in der Zeit der Krankheit ihres Vaters meine wichtigste Unterstützung
waren.

Angelika Buch

Das Eis ist dünn — Tanz auf dem Vulkan

Unser Leben mit dem Glioblastom

© 2007 Angelika Buch
Umschlaggestaltung: Jonathan Buch
Umschlagillustration: Bernardin Erdmann
Herstellung und Verlag: Books on Demand GmbH, Norderstedt
ISBN 9783833498473

Zeitleiste

Mai

Am Freitagmorgen stehen wir auf. Ich bereite in der Küche das Frühstück zu, Kalli ist im Badezimmer und macht sich fertig für die Arbeit. Nachdem er zur üblichen Zeit nicht in die Küche kommt, schaue ich nach, wo er so lange bleibt. Ich komme ins Bad. Er hockt dort neben der Bank und meint ihm sei schwindelig, aber es vergehe wohl gleich wieder. Zurück in der Küche warte ich noch weitere Minuten, bis ich erneut nachschauen gehe, weil er immer noch im Bad ist. Allerdings ist er jetzt schon angezogen. Gemeinsam gehen wir nun in die Küche. Er setzt sich auf seinen Platz und will anfangen zu essen. Den Löffel in der Hand, sitzt er da, völlig geistesabwesend und sehr blass. Sein Müsli hat er noch nicht angerührt. Ich sage zu ihm: So kannst du nicht zur Arbeit fahren! Du bist für dich und die anderen Autofahrer eine Gefahr! Erst sträubt er sich, dann fügt er sich. Beim Ausziehen helfe ich ihm, und auch auf dem Weg ins Schlafzimmer begleite ich ihn, weil ich Angst habe, dass er auf der Treppe nicht sicher genug geht. Nachdem er sich wieder hingelegt hat, schläft er ein. Für mich spult sich der normale Vormittag ab: Kinder wecken, Frühstück richten, Wäsche anstellen, Essen vorbereiten. In der Firma rufe ich an und sage, dass er krank sei. Ab und zu schaue ich oben nach, bringe ihm etwas zu trinken; Tee, da er sich in der Nacht übergeben hatte. Wir hatten den 50. Geburtstag einer Freundin gefeiert. Es war ein schöner, lockerer Abend. Wir kannten einige Gäste und fühlten uns sehr wohl. Offensichtlich hatte er ein bisschen zuviel Alkohol getrunken. Das war ungewöhnlich für ihn, aber es kam doch auch mal vor. Er ist sehr schläfrig. Zum Mittagessen koche ich ihm eine Haferschleimsuppe, von der er aber fast nichts isst. Am Spätnachmittag rufe ich die diensthabende Ärztin an, beschreibe ihr kurz die Symptome und bitte sie um einen Hausbesuch. Sie kommt bald und untersucht ihn, stellt mir ein paar Fragen. Dann gibt sie ihm eine Spritze gegen das Erbrechen, nachdem ich Bedenken geäußert habe, dass Tabletten oder Tropfen vielleicht nicht im Magen blieben. In ein bis zwei Tagen müsse es ihm eigentlich besser gehen, meint sie, es sei wahrscheinlich eine Magen-Darm-Grippe. Sie verabschiedet sich. Irgendwann am Abend lege ich mich ins Bett, nachdem ich bei Otto, wo er am Samstag bei Renovierungsarbeiten auf dem Bauernhof helfen wollte, angerufen und erzählt habe, dass Kalli krank sei.

Am Samstagmorgen bringe ich ihm ein Glas Tee und lasse ihn im Bett unter der Obhut Jonathans, um mit Nicole ihr neues Sofa vom Möbelhaus in ihre Wohnung zu bringen. Sie hat seit einer Woche ihren Mietvertrag und richtet sich so langsam ein. Nach Kallis fünfzigstem Geburtstag, der wieder in unserer Scheune gefeiert werden soll, wie die Jahre zuvor, will sie ausziehen. Wir schleifen das Ding, weil es nicht in den Fahrstuhl passt, durch das Treppenhaus bis in den sechsten Stock und sind völlig kaputt aber stolz, es geschafft zu haben. Wir stellen es auch noch auf, erholen uns ein wenig, dann fahre ich wieder nach Hause, da wir unser Auto Mitarbeitern des UNDUGU-Vereins zugesagt haben, die aus Hannover Afrikaner der Schulpartnerschaft aus Tansania abholen wollen. Nachmittags lege ich mich auch ins Bett, ich muss meine leichte Lungenentzündung auskurieren. Dabei erzähle ich vom Vormittag. Das Einzige, was mir auffällt, ist, dass er sehr wenig trinkt und gar nichts isst. Aber ich sage mir, dass das bei verdorbenem Magen nur gut ist und denke mir nichts weiter dabei. Wie gewohnt fahre ich zur Vorabendmesse nach Germershausen. Zwillinge werden getauft.

Am Sonntagmorgen überkommt mich eine Ahnung: es geht ihm nicht besser, er ist so langsam in seinen Reaktionen, es ist so rätselhaft. Ich sitze in der Küche am Tisch und weine. Die Ungewissheit, die Angst, Erinnerungen an den Morgen, als meine Eltern nicht da waren, kommen hoch. Sie sind abends losgefahren, um Karneval zu feiern. Sie kamen niemals wieder.

Und ich weine lange. Mittags wird das Auto wiedergebracht und mit guten Wünschen für meinen Mann verabschiedet sich das Ehepaar. Ich rufe noch einmal bei der Ärztin an und bitte erneut um einen Hausbesuch. Sie kommt bald und untersucht Kalli wieder sehr gründlich, auch neurologisch, kann aber keinen eindeutigen Befund erheben. Sie nimmt Blut ab und bittet mich, das Blut ins Duderstädter Krankenhaus zur Untersuchung zu bringen. Wenn sie den Befund dann habe, melde sie sich telefonisch bei mir. Ich fahre los, sie auch. Nach etwa einer Stunde ruft sie mich an und sagt, der Befund zeige eine starke Entzündung, und ich müsse Kalli ins Klinikum nach Göttingen bringen. Dazu solle ich einen Krankenwagen bestellen. Mir wird eng im Hals vor Angst. Trotzdem funktioniere ich in den folgenden Stunden, Tagen und Wochen wie ein Roboter. Ich sage den Kindern Bescheid, packe eine Tasche mit den wichtigsten Sachen, und wir warten. Der Krankenwagen kommt, die beiden Sanitäter tragen Kalli auf dem Schreibtischstuhl sitzend die Treppe hinunter. Die Bilder, die mir dabei durch den Kopf gehen, erzählen eine alte Geschichte: ein Jahr nach dem Tod meiner Eltern wird mein Opa, der mit der Oma die beiden Enkel, nämlich meine Schwester und mich, in der Wohnung seines Sohnes, unseres Vaters, betreut, nach einem Oberschenkelhalsbruch auf ähnliche Weise in den Krankenwagen gehoben. Er winkt uns noch zu, aber nach fünfeinhalb Wochen ist er tot. Er ist an einer Lungenentzündung gestorben. Ich fange an zu weinen, drücke meine Kinder, schicke Jonathan zu Ilona, unserer Nachbarin. Manuel ist sowieso schon dort, da er im Stall hilft. Ich setze mich neben den Fahrer in den Krankenwagen und höre, wie der andere Sanitäter hinten im Wagen mit Kalli spricht. Er hält eine Nierenschale bereit, falls es Kalli nicht gut gehen sollte während der Fahrt. Meine Angst ist riesengroß. Aber ich muss jetzt stark sein. Auf dem Platz beim Dorfgemeinschaftshaus sitzen und stehen Menschen, es ist ein Fest im Gange, und sie sehen uns vorbeifahren. Es ist alles so unwirklich.

Johanna und Nicole fahren mit beiden Autos hinter dem Krankenwagen her, damit ich dann in Göttingen ein Auto habe. Wir fahren bei der Ärztin vorbei, um gleich die Papiere mitzunehmen. Ich bin völlig gelähmt vor Angst, ich kann gar nicht denken und nehme meine Umgebung kaum wahr. Das Einzige, was sich in meinem Kopf dreht, ist der Satz: Kalli ist schwer krank. Die Kinder und wir kommen gleichzeitig im Klinikum an, Kalli wird auf die TN (Tagespflege/Nachtaufnahme)-Station gebracht. Ich übergebe die Papiere, erzähle die kurze Anamnese, und dann beginnt der routinemäßige Ablauf einer Neuaufnahme. Erst einmal bin ich erleichtert, ich habe ein Stück Verantwortung abgegeben. Aber sofort kommt wieder die Angst, was ist? Ich schaue dem Ablauf der Untersuchungen zu: das EKG wird angelegt, die Blutdruckmanschette ebenfalls, Blut wird abgenommen für diverse Laborwerte, eine erneute neurologische Untersuchung findet statt. Der untersuchende Arzt kann, ebenso wie die Hausärztin, keinen eindeutig pathologischen Befund erheben und schaut mich etwas ratlos an. Er stellt Kalli Fragen, die Kalli dann auch beantwortet, meistens richtig, aber sehr verlangsamt, und diese Verlangsamung spreche ich dann im Gespräch mit dem Arzt an: mein Mann sei eigentlich ein sehr schneller und spontaner Mensch, und dieses Verhalten sei extrem verlangsamt. Auf die Frage, wo er hier sei, schaut er an die Decke, dreht den Kopf einmal langsam nach rechts, dann ebenso langsam nach links und vermutet, dass er im Klinikum sei. Jetzt endlich fordert der Arzt, dass ein CT angefertigt werden solle. Nach einigen Minuten kommt ein Transportpfleger, stöpselt die Kabel wieder ab, und wir bringen das Bett mit Kalli in die richtige Etage zum CT. Dort stehen schon mehrere

Betten mit Patienten herum, die ebenso warten, dass sie an die Reihe kommen. Sonntagabend, ca. halb zehn, draußen ist ein warmer Frühlingsabend, und hier drin ist alles ganz schwer: Die Angst, die Ungewissheit, die Einsamkeit. Ich kann mit Kalli nicht reden, er ist so schläfrig, schaut vor sich hin. Gelegentlich fallen die Augen zu. Endlich ist er an der Reihe, wir haben bestimmt eine Stunde gewartet. Ich frage kurz, wie lange diese Untersuchung wohl dauern würde, dann schieben sie ihn in das Untersuchungszimmer. Jetzt bin ich zum ersten Mal allein. Ich warte, suche eine Toilette, schaue mir die anderen Betten mit Patienten an, die hier herumstehen und spüre wieder die Angst und die Ungewissheit. Es ist so unheimlich. Er wird wieder herausgeschoben, und wir warten, dass die Bilder fertig werden. Irgendjemand bringt sie und klemmt sie in der Hülle unter das Kopfkissen. Der Transportpfleger kommt und schiebt uns wieder zu der aufnehmenden Station. Er guckt sehr ernst, ich frage ihn, ob irgendwelche Bemerkungen gefallen seien. Gleichzeitig nehme ich den Umschlag mit den Bildern unter dem Kopfkissen heraus und ziehe das Röntgenbild aus der Tüte. Einzelheiten kann ich nicht erkennen, aber ein großer raumfordernder Prozess mit einer gewaltigen Massenverschiebung ist deutlich sichtbar. Jetzt weiß ich, es ist etwas Furchtbares passiert, was unser ganzes Leben ändern wird. Wie betäubt und hölzern gehe ich neben dem Bett her und hoffe doch, es wäre nicht wahr. Als wir unten ankommen, sieht sich der diensthabende Arzt die Bilder kurz an und verweist auf den Chirurgen, der sich die Bilder angucken müsse, der aber noch im OP sei, und es könne dauern. In der Zwischenzeit ist es etwa zehn Uhr, und ich möchte zu Hause anrufen. Man reicht mir ein Telefon, Manuel ist am Apparat. Ich sage ihm, was ich bis jetzt weiß, und dass es noch dauern würde, bis ich nach Hause kommen könne. Kalli wird wieder an die Leitungen angeschlossen und bekommt eine Cortison-Injektion. In der folgenden halben Stunde erlebe ich eines der Wunder der Medizin: Kalli wird zusehends klarer, und am Ende der halben Stunde kann ich mich mit ihm unterhalten und ihm erklären, wo wir sind und warum, und dass er im Kopf sehr krank sei. Ihm kommen die Tränen. Auch mir schießen die Tränen in die Augen, ich kann es nicht steuern. Ich streichele seine Hand, küsse sie, dann auch sein Gesicht. Ich sage ihm Dank für die vielen guten Jahre, die wir miteinander hatten, egal was nun passiere. Ich möchte, dass er das jetzt hört, wer weiß, was in den nächsten Tagen und Wochen auf uns zukommt. Ich bin fassungslos bei dem Gedanken an das Röntgenbild in dem Umschlag. Der Monitor am Kopfende des Bettes zeigt seine Werte, die sehen ganz normal aus, aber die schreckli-

che Wahrheit liegt in den Bildern. Die Hektik ist erst einmal vorbei, wir müssen auf den Chirurgen warten. Die Beleuchtung wird leicht reduziert, ich sitze am Bett, ab und zu kommen Tränen, die Angst frisst mich fast auf. Die Türen stehen auf, so dass die Pflegenden Übersicht haben und sofort kommen können. Dadurch fühle ich mich nicht ganz so allein. Ein Pfleger bringt mir eine Tasse Kaffee, das tut gut. Es ist ein ständiges Kommen und Gehen, Pfleger und Angehörige eilen an den Türen vorbei, und auf einmal sehe ich Ruth ins Zimmer kommen, die Frau von Kallis Cousin Michael. Wir fallen uns in die Arme, ich muss furchtbar weinen, gleichzeitig erzähle ich, was sich bis jetzt ereignet hat, und dass wir warten. Ilona hat sie angerufen und berichtet, was sich bei uns getan hat. Ilona sei Dank! Ich hole die Bilder aus der Tüte und erkläre sie ihr kurz, soviel ich darauf erkennen kann. Gegen halb zwölf kommt endlich der Neurochirurg, um sich die Bilder anzuschauen und uns das weitere Vorgehen zu erläutern. Er klemmt die Bilder vor den Lichtkasten, guckt sie an und schweigt. Lange. Diese Bilder sehen zu furchtbar aus. Endlich meint er, das sei keine Blutung, und man habe alle Zeit der Welt. Das sei ein Tumor, der operiert werden müsse, aber eben nicht akut, sondern mein Mann ginge gut vorbereitet in die OP am Ende dieser Woche oder am Anfang der nächsten. Jetzt sofort könne und brauche man nichts für ihn tun. Ich sehe mir die Bilder in Ruhe noch einmal an und sage ihm dann, dass ich Kollegin sei, zwar Hausfrau, und er möge mir bitte keine Geschichten erzählen. Er dreht sich zu mir um, schaut mich an und meint dann, so wie der Tumor gewachsen sei, sähe er nicht gutartig aus. Da war dieses Wort das erste Mal! Er zählt kurz die üblichen Routineuntersuchungen auf, die für eine solche Operation nötig sind, dann geht er wieder.
Wir bleiben noch eine halbe Stunde, dann verabschieden wir uns. Ich lasse meinen Mann dort, obwohl ich eigentlich auch da bleiben möchte. Gleichzeitig zieht es mich nach Hause zu den Kindern, denn sie stehen auch furchtbare Ängste durch und brauchen mich. Wir fahren mit Ruths Auto nach Hause. So brauche ich nicht zu fahren. Ruth wird bei uns übernachten. Wir treffen gegen ein Uhr in der Nacht zu Hause ein, die Kinder hören uns, kommen uns auf der Treppe aus Nicoles Zimmer entgegen. Sie haben sich dort ein großes gemeinsames Lager bereitet, keiner wollte allein in seinem Zimmer auf mich warten. Sie haben verweinte Augen. Wir setzen uns in die Küche um den Tisch, und ich berichte, was ich bis jetzt weiß. Ich spüre, es ginge über meine Kraft, wenn ich etwas verheimlichen wollte. Die Wucht der Fakten ist schlimm, und wir weinen zusam-

men und wissen doch noch zu wenig Genaues. Nach einer Stunde schicke ich alle ins Bett, richte gemeinsam mit Ruth ihr Gästebett. Ich selbst hole mir eine Matratze ins Wohnzimmer neben das Telefon, falls man mich anruft, dass ich es hören kann. Ich liege auf der Erde und kann gar nicht einschlafen: zuviel geht mir durch den Kopf, und die Angst ist riesengroß. Was kommt auf mich und die Kinder zu? Ich höre die Kirchturmuhr halb drei schlagen und denke, dass ich doch einschlafen muss, der folgende Tag wird sicher anstrengend.

Kurz nach vier Uhr bin ich schon wieder wach, und schlagartig überfällt mich das Wissen um die gestrigen Ereignisse. Die Angst schüttelt mich, ich weine, es hört erst gar nicht auf. Gleichzeitig stelle ich mir ein Leben ohne Kalli vor, ohne den Mann, den ich so liebe. Er hat mir gezeigt, dass das Leben schön sein kann, nachdem meine ersten Lebensjahre schon sehr schwer waren. An seiner Seite habe ich das Leben leben und lieben gelernt. Die Tränen laufen ohne Unterlass, und es tut richtig weh im Bauch, in der Herzgegend und überall. Nach einer halben Stunde bin ich völlig fertig. Ich möchte jetzt jemanden anrufen, mit jemandem sprechen. Aber wo kann man so früh schon anrufen? Da fällt mir meine Schwester ein, beziehungsweise ihr Mann, Gerd. Er ist ein echter Frühaufsteher, ihn kann ich anrufen, das weiß ich. Ich kriege die Worte fast nicht über die Lippen, muss dann auch schon wieder weinen. Es wird nur ein kurzes Gespräch, aber es erleichtert ein wenig. Danach gebe ich mir einen Ruck, weil ich an den kommenden Tag denke und an die Kraft, die ich wohl brauchen werde. Der Haushalt läuft weiter, und da ich oft im Klinikum sein werde, muss ich zeitlich manches anders organisieren. Also fange ich jetzt damit an: meine Gymnastiübungen mache ich sofort, wer weiß, was heute noch kommt! Anschließend Duschen, Wäsche zusammenlegen, das Frühstück vorbereiten und die Kinder wecken. Diese Pflichten sind wie ein Gerüst, das mich zusammenhält. Ich bin froh, dass es so ist, sonst hätte ich Angst, verrückt zu werden. Zwischendurch gehe ich zu den Nachbarn, um zu erzählen, was sich ereignet hat und was auf uns zukommen wird. Ilona nimmt mich mitten im Kuhstall in den Arm, und ich kann weinen. Den Klavierunterricht von Jonathan muss ich absagen, ich rufe an und habe den Mitbewohner des Klavierlehrers am Apparat. Als ich erzähle, was los ist, sagt er ganz hilfsbereit, dass er die Benachrichtigung übernähme. Später höre ich, dass sein Vater an einem Gehirntumor gestorben ist. Nach und nach kommen die Kinder zum Frühstück, es bleibt ihnen fast im Hals stecken, der Schreck und die Angst sitzen zu tief. Ich mache ihnen das Schulbrot, wie jeden Morgen, dann besprechen wir den Tagesablauf, das Mittagessen kriegen sie auch allein geregelt, und dann bin ich wieder allein. Ich rufe bei meiner Schwägerin an, die vor vier Jahren ihren Sohn und vor zwei Jahren ihren Mann durch Krebs verloren hat. Erst ist die Tochter am Apparat, ich erzähle nur ganz kurz, was los ist. Sie will ihrer Mutter Bescheid sagen. Nach kurzer Zeit ruft meine Schwägerin zurück und ich berichte. Sie kann es gar nicht fassen und fängt an zu weinen. Ich kann sie jetzt nicht trösten und auch nicht länger zuhören und beende das Gespräch. Etwas später kommen Nicole und Ruth in die Küche. Wir frühstücken zusammen. Nicole wird heute zu Hause bleiben und sich um das Mittagessen kümmern. Ruth bringt mich wieder zum Klinikum. Sie fährt von da aus zur Arbeit, ich gehe zu meinem Mann. Als ich ihn wieder sehe, bin ich im ersten Moment ganz erleichtert, er erkennt mich, er freut sich auch, dass ich da bin. Bald darauf kommen die Ärzte und Schwestern zur Visite, und die diagnostische Leier geht weiter: ein Hirntumor ist oft die Metastase eines anderen Tumors, und dieser andere Tumor, der Primärtumor, muss gefunden werden. Der Thorax wird geröntgt. Das ganze Abdomen wird mit Ultraschall untersucht. Ich sage, dass ich Kollegin sei und kann deshalb dabei bleiben. Diese Untersuchung ist normalerweise ziemlich übersichtlich, aber durch zuviel Luft im Darm sind keine eindeutigen Befunde zu erkennen, der Arzt äußert Verdacht auf Darmtumor. Mir wird warm, ich spüre, wie ich neben mir stehe, und diese Worte zwar mein Ohr und auch meinen Verstand erreichen, aber nicht mehr mein Gefühl. Um eine gründliche Darmuntersuchung kommt er nicht herum. Zum Darmröntgen muss er Kontrastmittel einnehmen. Und da ihm das Schlucken so schwer fällt, ist es schwierig für ihn, einen Liter Flüssigkeit innerhalb einer Viertelstunde zu trinken. Er quält sich mit dieser Menge, und den letzten Viertelliter lassen wir weg. Zur OP-Vorbereitung gehört ein ausführliches EKG, auch das wird angefertigt. Im Keller steht der Kernspintomograph, davor warten mehrere Patienten, zum Teil im Bett, wie Kalli, zum Teil sitzen sie auf Stühlen im Wartebereich. Diese Untersuchung dauert länger, und so gehe ich nach oben in die Cafeteria, um eine Tasse Kaffee zu trinken. Aber ich habe keine Ruhe und bin viel zu früh wieder unten. Ich entdecke einen Patienteninformationszettel zum Kernspintomogramm und beginne zu lesen. Nach einigen Minuten merke ich, dass ich die Wörter gar nicht aufnehmen kann. Dieses Phänomen der Konzentrationsschwäche wird mich die nächsten Monate begleiten und über den Tod Kallis hinaus anhalten. Irgendwann wird er wieder heraus geschoben, und wir landen wieder auf der TN-Station. Ich renne neben dem Bett her, denn die Transportpfleger sind sehr schnell. Bei den Untersuchungszimmern angekommen, verabschieden die sich freundlich, und dann beginnt für uns das Warten. Froh bin ich, dass ich die Zeit habe, mit Kalli zu warten. Denn dieses Herumstehen auf den Fluren, wenn man als Patient allein ist, stelle ich mir schrecklich vor. Manche Flure stehen so voll, dass Patienten, die gehen können, sich da irgendwie durchschlängeln müssen. Es kommt auch vor, dass ein Patient vergessen wird. So passiert es uns auch einmal. Der Aufmerksamkeit eines Pflegers, der mit der bei Kalli anstehenden Untersuchung nichts zu tun hat, können wir verdanken, dass es nicht länger als eine Stunde dauert. Eine ältere Dame sucht die Toilette, gleichzeitig hat sie Bedenken, dass sie gerade dann nicht da ist, wenn sie aufgerufen wird. Ich bringe sie hin und lasse mir ihren Namen sagen, so dass ich Bescheid sagen kann. Jetzt ist sie beruhigt. Ein altes Ehepaar, beide über achtzig, wie er mir stolz erzählt, sie sitzt im Rollstuhl, braucht auch die Toilette. Ich schiebe die Frau hin, da es für den Mann doch zu anstrengend wird. Eigentlich brauchte jeder Untersuchungsflur einen Pfleger oder Zivildienstleistenden, um diese kleinen Dienste zu tun und ein wenig Menschlichkeit zu verbreiten. Das Personal der Untersuchungsstationen hat dafür keine Zeit. Aber es gibt auch Ausnahmen: Kalli braucht eine Urinflasche. Wo soll ich die hier auf diesem Flur her bekommen?! Ein Arzt kommt vorbei, ich spreche ihn an. Ganz spontan schiebt er mit meiner Hilfe das Bett in das nächste Untersuchungszimmer, das gerade leer ist, und kommt nach einer Minute mit einer Urinflasche wieder. Den Rest kann ich allein, ich bedanke mich bei ihm.

Die Untersuchungen sind für diesen Vormittag abgeschlossen, und wir werden wieder auf die Station TN gebracht. Dort haben sie in der Zwischenzeit im Bettenhaus eine Station mit freiem Bett für Kalli gefunden. Ich packe seine Sachen, und nach wenigen Minuten kommt wieder ein Transportpfleger, um uns zu der neuen Station zu bringen. Wir kommen dort an, eine freundliche Schwester begrüßt uns, und ich spüre, dass ich heimische Gefühle für diese Station entwickeln muss, sonst halte ich die Situation gar nicht aus. Diese Station wird uns garantiert über längere Zeit begleiten. Seine Tasche ist im Nu ausgepackt, und da kommt auch schon das Essen. Er muss im Bett essen, da die Ärzte eine zusätzliche Blutung im Tumorbereich befürchten und er sich deswegen nicht anstrengen darf. Er bekommt auch weiter seine Infusionen und das Cortison, um den Hirndruck zu verringern. Das Erbrechen, die starke Verlangsamung und die Müdigkeit waren Symptome des erhöhten Hirndrucks. Mir geht, seit gestern die Cortisontherapie begonnen hat, das Wort von „der geschenkten Zeit" im Kopf herum. Dabei fällt mir wieder ein, wie das war, als meine Eltern mit dem Auto tödlich verunglückten: sie fuhren abends weg, und ich habe sie nie wieder gesehen. Jetzt ist meine Situation eine andere: Ich kann ihn sehen, mit ihm reden, ihn anfassen. Allerdings mit dem wehen Gefühl in der Brust: wie lange noch? Nachdem er fertig ist mit Essen, sage ich ihm, dass ich erst einmal nach Hause fahren werde, um für die Kinder Essen zu kochen und andere Dinge zu regeln. Ich ahne den Spagat, der mich in den nächsten Wochen und Monaten nicht loslassen wird: auf der einen Seite unser Zuhause und die Kinder, auf der anderen Seite möglichst viel bei ihm zu sein, die Zeit, die uns bleibt, zu nutzen. Ich mache mir innerlich kaum Hoffnung, um nicht hinterher enttäuscht zu werden. Ich habe schon in meinen schlauen Büchern ein bisschen nachgelesen. Da stehen schlimme Sachen. Ich sitze kaum im Auto, als es mich schüttelt vom Weinen. Ich kann erst gar nicht losfahren, aber ich will doch nach Hause! Irgendwann starte ich den Motor, und es geht los. Vor lauter Trauer und Angst laufen die Tränen die ganze Zeit, bis ich in der Garage bin. Mir bleibt die Luft fast weg, der Hals ist zu eng, und ich fürchte jeden Moment zu erbrechen. Das Essen ist fertig, die Kinder kommen mit dem Bus, aber uns bleibt das Essen im Hals stecken. Die Ungewissheit ist unerträglich. Am Spätnachmittag fahre ich wieder in die Klinik, so sehen die nächsten Wochen aus. Ein ausrangiertes kleines Heftchen wird mein Begleiter, in das ich Dinge eintrage, die Kalli benötigt, aber auch Tipps für den Garten, wenn ich Fragen habe. So passiert es kaum, dass ich mal etwas vergesse. Gegen 20 Uhr fahre ich wieder, und ich merke, solange ich bei ihm bin, kann ich die Ängste ganz gut aushalten. Wenn ich dann aber weg bin, dann überfallen sie mich mit Macht. Dann kommt schon die Vorstellung, dass ich mir ein Leben ohne Kalli ausmale. Das tut so weh, dass ich sofort wieder anfange zu weinen. Zu Hause angekommen muss ich mit vielen Menschen telefonieren. Kalli wollte seinen fünfzigsten Geburtstag groß feiern, aber das geht jetzt nicht, deshalb muss ich absagen. Gleichzeitig erfahren so beinahe alle Freunde und Verwandten die schreckliche Wahrheit. In der Nacht, ich liege wieder im Wohnzimmer, weil ich Angst habe, das Telefon nicht zu hören, kann ich nicht einschlafen. Ich möchte noch telefonieren, mit jemandem sprechen, und da fällt mit Alfons aus dem Kloster ein. Ich habe seine Nummer und hoffe, dass er da ist. Es läutet zwei-

15

oder dreimal, und dann ist er dran. Nach den ersten Sätzen kann ich kaum weiter erzählen, dann geht es. Auf seine Frage, was mir denn so durch den Kopf gehe, antworte ich, dass ich Abschied nähme. Abschied von meinem bisherigen Leben mit Kalli.

Zu dem Zeitpunkt weiß ich allerdings selbst noch gar nicht, wie genau das sogar stimmt. Es ist mehr ein Gefühl, eine Ahnung, die fürchterliche Angst macht. Wie ein Film läuft unser gemeinsames Leben vor meinem inneren Auge ab, und ich ahne mehr, als dass ich es weiß: Nichts wird wieder so, wie es war.

Am folgenden Morgen, nachdem die Kinder aus dem Haus sind, arbeite ich ein bisschen im Garten. Er soll ordentlich sein, wenn Kalli wieder nach Hause kommt. Zwischendurch kann ich vor lauter Tränen gar nichts sehen, aber das geht auch wieder vorbei. Als ich im Klinikum ankomme, geht es weiter mit den Untersuchungen. Ich begleite ihn überall hin, warte auf den Fluren neben seinem Bett, manchmal laufen mir die Tränen einfach so die Wangen herunter, ich merke gar nicht, dass ich weine. Gegen Mittag sind fast alle vorbereitenden Untersuchungen vorbei und uns wird ein Termin für den nächsten Tag genannt, bei dem der Chirurg uns die Operation mit den möglichen Folgen und Komplikationen vorstellen und erklären wird.

Jetzt beginnt das Warten. Ich sitze am Bett, streichele seine Hand und habe Mühe die Tränen zurück zu halten. Kalli darf nur aufstehen, um zur Toilette zu gehen, und so fühle ich mich sehr eingesperrt. Die Krankengymnastin kommt und bewegt Kalli ein bisschen, außerdem bittet sie darum, dass ich ein Paar feste Schuhe mitbringe. Für die Gehübungen hat der Fuß darin besseren Halt als in Hausschuhen. Irgendwann fahre ich wieder nach Hause. Diese Fahrten sind schlimm, da bin ich so ganz allein, die meist unterdrückten Ängste und Tränen können raus, weil jetzt keiner da ist. Wenn ich dann zu Hause ankomme, muss ich mich ja wieder zusammenreißen. Jedenfalls passiert das so. Die Kinder, der Garten, der Haushalt, alles soll irgendwie weitergehen, viele Telefonate. Einerseits kosten sie viel Zeit, aber andererseits tut es mir gut, reden zu können, auch wenn ich fast immerzu dasselbe erzähle. Ein bisschen habe ich noch nachgelesen über die verschiedenen Hirntumore und die Folgen einer Hirnoperation. Diese können furchtbar sein, aber wir haben ja gar keine andere Wahl. Es kommen dann auch Gedanken wie: er hat ja sonst ganz gesund gelebt, er ist so voller Willenskraft! In der Küche hängt ein liturgischer Abreißkalender, ein paar Tage hatte ich ihn vergessen und für den heutigen Tag finde ich folgendes Gebet:

„Herr, lass du uns deine bergende Liebe erfahren.
Gib uns Mut, gerade dann nicht zu verzweifeln, wenn wir meinen,
du seiest nicht da."
Von Christoph Hensel
Wie das manchmal so passt! Heute ist auch Johannas Tauftag. Vor
18 Jahren haben wir sie in Göttingen in der St. Paulus- Kirche getauft. Schöne Erinnerungen kommen hoch und tun doch so weh,
weil die Zeit jetzt eine ganz andere ist. Manchmal kommt mir das,
was wir gerade erleben wie ein Albtraum vor, aber es ist schreckliche
Realität. Ich kann nichts essen. Nicole ermahnt mich, dass ich irgendetwas essen muss. Tagelang lebe ich von Haferflocken. Morgens, mittags und abends.
Wieder nach Göttingen, die Schuhe habe ich dabei. Ich sitze am Bett
und schaue ihn an, stelle mir in seinem Gehirn den Tumor vor, und
kann es gar nicht fassen, dass man von außen so gar nichts sehen
kann. Da nutzt auch mein medizinischer Sachverstand nichts: ein ca.
tomatengroßer Tumor sitzt in seinem Gehirn. Ich frage mich, wie
der so groß werden konnte, ohne dass wir etwas gemerkt haben.
Vor drei Wochen waren wir noch in Hildesheim und haben gemeinsam unser zweites Ehevorbereitungsseminar geleitet. Wir hatten uns
gut vorbereitet, und dabei waren auch unsere eigene Ehe und ihre
Geschichte für uns beide wieder sehr nahe gekommen. Wir waren
beide sehr dankbar, dass wir uns gefunden hatten und haben dabei
die Höhen und Tiefen unserer Beziehung wieder einmal erinnert. Im
Oktober vergangenen Jahres hatten wir in der Bildungsstätte St.
Martin einen ehemaligen Mitarbeiter der Jugend des Dekanates wieder getroffen, der jetzt in Hildesheim arbeitet. Er lud uns ein zu
Vorbereitungs- und Schulungsgesprächen, und wir wollten gerne
unsere Erfahrungen und was wir für wichtig hielten für den Beginn
der Ehe weitergeben. Für heute Abend war eigentlich wieder ein
Gesprächsabend mit den anderen Seminarleitern angesetzt, aber den
hatte ich für uns gestern schon abgesagt. Ich hatte mich über diese
Möglichkeit der Gruppenerfahrung sehr gefreut, konnte ich doch
auf diese Art und Weise vorsichtig in die Gruppenleitungsfunktion
hinein wachsen.
Nicole und Jonathan kommen ihren Papa besuchen. Nicole erzählt
von ihrer Arbeitsstelle, an der sie seit fünf Wochen arbeitet, nachdem sie fast zehn Monate arbeitslos war. Außerdem ist sie dabei,
ihre neue Wohnung einzurichten, und berichtet über den letzten
Stand. Jonathan ist stolz auf seinen Computertätigkeiten und muss
sich Ermahnungen anhören, dass er nicht zu viel spielen solle.

Von einer der Krankenschwestern höre ich, dass am nächsten Morgen der Chirurg mit uns sprechen möchte, um uns über die Operation und die möglichen Folgen aufzuklären. Der Operationstermin steht jetzt auch fest, es ist der 2. Juni, Kallis 5o. Geburtstag. Der Termin kriegt eine Symbolik, die fast nicht zu ertragen ist. Als ich am nächsten Morgen auf die Station komme, treffe ich den Chirurg, er sagt mir, er habe schon mit meinem Mann gesprochen, er könne jetzt mit mir sprechen und deutet auf die Sitzecke am Ende des Flures. Dort stehen ein elektrischer Rollstuhl und ein lederbezogener Sessel. Er setzt sich auf den Sessel und weist mir den Rollstuhl zu und beginnt. Der Hauptbefund sei mir schon mitgeteilt worden und es gehe darum, diesen raumfordernden Prozess zu entfernen. Die möglichen Folgen dieser Operation seien Halbseitenlähmung, Verhaltensänderung, Entzündung der Hirnkammern mit Folgeschäden, Hirnhautentzündung, Hirnentzündung. „Ihr Mann kann auch sterben!" Ich sitze ihm halbschräg gegenüber, schaue den Gang entlang, die Tränen laufen mir einfach so aus dem Gesicht. Ich möchte dieser Station kein Schauspiel bieten, außerdem will ich gleich zu Kalli ins Zimmer, also muss ich einigermaßen Haltung bewahren. Ich suche nach Zeichen des Mitgefühls in dem Gesicht des Arztes. Einmal scheint es mir, als habe er Tränen in den Augen. Ich hasse dieses Auf - dem – Flur – Sitzen. Warum kann er dieses Gespräch nicht in einem abgeschlossenen Raum mit mir führen? Als ich ihn einige Wochen nach Kallis Tod aufsuchen will, um mit ihm darüber zu sprechen, ist er nicht mehr da, er arbeitet im Tumorzentrum in Heidelberg. Er sagt mir noch, dass mein Mann diesen Zettel mit den Informationen, die er mir eben gegeben habe, noch unterschreiben müsse. Im Krankenzimmer angekommen wird mir klar, dass es jetzt hauptsächlich heißt: Warten. Mein Mann liegt noch immer im Bett, er darf weiterhin nicht aufstehen, da die Ärzte bei körperlicher Anstrengung eine erneute Blutung in den Tumor fürchten.

Ich muss ihm neue Schlafanzüge kaufen. Da wir fast immer nackt schlafen, hat er zu wenige. Am folgenden Tag kommt unser neuer Freund Michael mit seinen beiden kleinen Söhnen Kalli zu besuchen. Kalli liebte Kinder schon immer, und auch in dieser Situation freut er sich, die beiden zu sehen. Ich sitze daneben und denke an die Zeit, als unsere Kinder so klein waren. Er war ein liebevoller und fürsorglicher Vater, Tränen schießen mir in die Augen, er wird seine Enkel nicht erleben, geht mir durch den Kopf. Elmar, ein alter Freund aus Studentenzeiten, kommt auch, und so vergehen wieder ein paar Stunden, die uns dem Op-Termin näher bringen. Ich spüre, dass ich diese Tage vor der Operation möglichst mit meinem Mann allein verbringen will, denn ich weiß nicht, wie es hinterher sein wird. Ich erkläre ihm, dass ich die Geburtstagsfeier absagen musste, da er wahrscheinlich an dem vorgesehenen Tag noch in der Klinik sein wird. Das kann er gar nicht einsehen. Da wird mir zum ersten Mal klar, dass seine Krankheitseinsicht eine andere als die unsere ist. Die möglichen angekündigten Folgen schwirren mir im Kopf herum. Ich verliere das Zeitgefühl für diese Tage vor der Op.

Juni

Auf einmal ist Sonntag, der Tag vor der Operation. Ich bringe ihm eine selbst geschmückte Kerze mit, die er sich gewünscht hatte, nachdem ich ihm erzählt habe, dass ich eine solche für den Nachbarn zum 60. Geburtstag verschenkt habe. Außerdem ein Geschirrtuch anstelle einer Serviette. Darauf sind Strichmännchen gedruckt, viele schwarze und ein rotes. Er zeigt auf das rote und meint, das sei er. Jahre später fällt mir das immer wieder ein, wenn ich diese Geschirrtücher benutze, ich habe mehrere davon. Am Nachmittag geht die Tür auf zum Krankenzimmer und Conny steht mit ihrer Gitarre am Bett. Sie kommt von einem Wochenende mit ihren Firmkindern und bringt uns ein Lied mit. Wir erzählen ein bisschen, schweigen mehr, und dann singt Conny das Lied. Ich bewundere ihren Mut. Der Mitpatient liegt im Bett und hört ebenfalls zu.

Morgen hat mein Mann seinen Op-Termin, und im Laufe dieses Nachmittags steigt meine Angst ins Unermessliche: Ihr Mann kann auch sterben, hat der Chirurg zu mir gesagt. Vielleicht sind das jetzt die letzten gemeinsamen Stunden? Am Abend will ich gar nicht nach Hause fahren, ich fürchte mich so vor dem nächsten Tag! Kalli wird als erster dran kommen, und der Chirurg wird mich anrufen, wenn die Operation vorbei ist, um mir einen kurzen Lagebericht zu geben. 5 bis 6 Stunden wird die Op. dauern, und ich solle erst am Abend auf der Wachstation anrufen. Dann würde man mir sagen, ob ich kommen könne. Ich verabschiede mich von Kalli, einigermaßen gefasst, aber draußen auf dem Flur muss ich ganz furchtbar weinen. Die Stationsschwester hat Dienst und entdeckt mich und hört mir zu. Ich weiß nicht, was ich ihr alles erzähle, aber es tut gut, sie neben mir zu haben und weinen zu können. Nachdem ich mich wieder etwas beruhigt habe, fahre ich nach Hause. Einige Telefonate werden noch erledigt, und immer ist die morgige Op. Hauptthema.

Irgendwann gehe ich ins Bett, und sofort kommt ein Gedankenkreisel in Gang, da die äußeren Ablenkungen fehlen. Ich weiß, dass ich die kommende Zeit nur mit äußerster Disziplin einigermaßen überstehen kann, und so bemühe ich mich schnell einzuschlafen. Vor einem Jahr habe ich im Rahmen meiner Weiterbildung meinen ersten Kurs im autogenen Training absolviert, und vor ein paar Wochen begann der zweite. Die dort gelernten Fähigkeiten verhelfen mir jetzt zum zügigen Einschlafen. Ich habe das während der ganzen Zeit der Krankheit meines Mannes und noch lange über den Tod hinaus genutzt. Es hat immer funktioniert.

Am nächsten Morgen können wir alle gar nichts essen. Wie wird dieser Tag enden? Diese Frage geht uns allen im Kopf herum. Ich mache den Kindern die Schulbrote fertig, denn irgendwann werden sie doch Hunger haben, und mit einer Umarmung und großer Tapferkeit verabschieden wir uns. Auch Nicole fährt zur Arbeit, denn das Warten zu Hause scheint ihr zu nervenaufreibend. Für den Vormittag habe ich mir einen Arbeitsplan gemacht, damit die Zeit herumgeht. Das Telefon stecke ich ein und gehe in den Garten. Seit fünf Tagen haben wir ein schnurloses Telefon. Nicole hatte sich das für ihre Wohnung gekauft, aber da sie zurzeit doch hier wohnt, können wir das jetzt gut gebrauchen. Ich arbeite eine Stunde einigermaßen konzentriert, zwischendurch richte ich mich immer mal wieder auf, um mich zu dehnen. Wenn dann mein Blick auf unser Haus fällt, dann spüre ich soviel Trauer in mir, dass ich sofort weinen muss. Die ganzen Erinnerungen an die Zeit des Hauskaufes, der Renovierungen und der Gartengestaltung kommen hoch, und ich weiß, es wird nie wieder so sein wie es war. Ich arbeite weiter, dann gehe ich auch mal ins Haus. Ilona, meine Nachbarin kommt mit einem Korb mit Kaffee und Milch, und dann stehen Michael und Andrea vor der Tür mit den Kindern und haben Brötchen, Butter und Marmelade dabei und wollen mit mir frühstücken, um mich ein wenig abzulenken. Das gelingt auch, denn die beiden Söhne sind noch recht klein und lebhaft, der Jüngere ist 14 Monate alt und der Ältere 2 ½ Jahre. Irgendwann gehen sie wieder, und ich plane das Mittagessen. Mit der Post kommen vielen gute Geburtstagswünsche für Kalli. Gegen 13 Uhr, ich bin schon wieder im Garten, ruft mich der Chirurg an, um mir zu sagen, dass die Operation gut verlaufen sei und dass ich am Spätnachmittag auf der Intensivstation anrufen könne, wo ich dann erfahren würde, ob ich meinen Mann heute noch besuchen könne. Er sagt noch, den großen Tumor habe man entfernen können, er sei ca. tomatengroß, aber die beiden kleinen habe man nicht herausnehmen können. Ich bedanke mich und spüre einen Teil der Anspannung von mir abfallen. Johanna hatte gebeten, dass ich in der Schule anrufe, wenn der Arzt mich angerufen habe, und das tue ich jetzt. Im Sekretariat ist eine freundliche Frau und verspricht die Nachricht weiterzugeben. Auch bei Nicole in der Firma rufe ich an. Die Kinder kommen aus der Schule. Am Nachmittag klingelt das Telefon, Kallis Tante aus Northeim ist dran, sie möchte ihm zum Geburtstag gratulieren. Da muss ich ihr sagen, was bei uns los ist, bei ihr hatte ich mich nicht vorher gemeldet. Sie ist sehr erschrocken und bittet mich, sie auf dem Laufenden zu halten und ihm gute Besserung zu bestellen. Am Spätnachmittag rufe ich auf der Intensivstation an und kann auch gleich Kalli besuchen.

Ich weiß, wie es auf einer solchen Station zugeht, da kann mich wenig erschrecken. Aber erst einmal muss ich warten. Dann erscheint eine Schwester und bedeutet mir einen Kittel anzuziehen und bringt mich in das Zimmer. Kalli ist noch an das Beatmungsgerät angeschlossen, somit kann er nicht reden. Aber er erkennt mich. Tränen laufen aus seinen Augen, aus meinen auch, ich nehme seine Hand und streichele sie, lege meine Wange in seine Hand und sage ihm liebe Worte. Er soll merken, dass ich stark sein möchte für ihn, dass er sich auf mich verlassen kann, auch wenn mir bei seinem Anblick fast das Herz bricht. Er hat ja heute Geburtstag, ich gratuliere ihm und erzähle von der Post, die heute für ihn gekommen ist. Er kämpft gegen die Maschine, seine eigene Atmung ist schon ganz gut, und so ist es schwer für ihn, im selben Rhythmus wie die Maschine zu atmen. Mir kommen wieder die Worte von der geschenkten Zeit in den Kopf. Bis das Ergebnis der histologischen Untersuchung bekannt ist, werden etwa 10 Tage vergehen. Aber ich habe auch die Worte des Chirurgen von Sonntagnacht noch im Ohr, als der mir sagte, so wie der Tumor gewachsen sei, sei er wahrscheinlich nicht gutartig. Ich kann hier gar nicht viel tun, und so halte ich seine Hand, streichle ihm das Gesicht ganz vorsichtig und will eigentlich ganz viel Hoffnung haben.

Ungefähr eine Stunde bleibe ich bei ihm, dann sage ich, dass ich nun nach Hause fahren, aber am nächsten Tag mit den Geburtstagsgeschenken wiederkommen würde. Eine Schwester sagt mir, dass er am folgenden Tag schon früh wieder auf die Normalstation verlegt würde. Darüber freuen wir uns sehr. Als ich zu Hause ankomme, wollen die Kinder wissen, wie es dem Papa geht, wir sitzen zusammen, reden, weinen und möchten doch so gern Hoffnung haben. Einige Telefonate sind noch zu erledigen, Jonathan feiert den Geburtstag der Mutter seines Freundes in der Nachbarschaft.

Die kommenden Tage sind geprägt von vielen Besuchen, schneller Erholung und ganz zarter Hoffnung auf eine günstige Entwicklung. Er hat eines Tages ein Photo auf seinem Schränkchen liegen. Es ist eine Aufnahme des Tumors während der Operation, als der Schädel schon eröffnet ist und das Tumorgewebe deutlich vom normalen Hirngewebe zu unterscheiden ist. Der Chirurg möchte das Bild gern wieder haben, und so bitte ich Johanna in der Stadt einige Farbkopien machen zu lassen. Ich denke mir, dass wir dieses Bild brauchen bei der Bewältigung dessen, was noch auf uns zukommt. Das falsche Gewebe ist sehr gut zu erkennen. Es erschreckt mich über alle Maßen. Das ist das Böse. Und wie geht es weiter mit Kalli und mit uns? Ich bringe den Fotoapparat mit, um einige Bilder zu machen, damit wir auch etwas für die Hand und die Augen haben beim Erinnern.

Wenn ich morgens komme, massiere ich seine Beine und helfe ihm, die Gummistrümpfe anzuziehen, nachdem er ein Fußbad gegen den Fußpilz genommen hat. Gemeinsam warten wir die Visite ab, dann gehen wir auf dem Flur, später sogar im ganzen Haus spazieren. Wenn wir allein im Zimmer sind, berührt er mich zärtlich an der Brust und freut sich auf zu Hause, dass dort wieder mehr möglich ist. Auch mir fehlen die Nähe und Zärtlichkeit und die Bestätigung, die ich sonst darüber erfahre.

Am Freitag ist der Oberarzt da, als ich ins Zimmer komme. Er ist mit der Heilung nicht ganz zufrieden und legt einen Druckverband an, um die Kopfhaut in dem operierten Bereich an den Knochen zu pressen. Das ist für Kalli sehr unangenehm, er hat Kopfschmerzen. Der Verband wird erneuert, es scheint etwas besser zu sein. Heute habe ich den Photoapparat dabei, ich möchte für mich und die Kinder Bilder machen, um auch anschaulich zu haben, was hier passiert, denn ich habe die Worte aus der ersten Nacht noch gut im Kopf. Auch am folgenden Tag wird der Verband erneuert, anschließend gehen wir durch das Klinikgebäude, fahren mit dem Fahrstuhl bis in das oberste Geschoss und sehen vom Balkon über Göttingen. Wir stehen da eine ganze Zeit, es eilt ja nicht, und auf einmal meint Kalli, diese Balkons, es gibt deren mehrere, seien sehr hoch, und ich müsse gut auf ihn aufpassen. Wenn das so weiterginge, könne er auch vom Balkon springen. Ich bin so erschrocken. Mir bleibt die Luft weg, das hätte ich von ihm am allerwenigsten erwartet. Ich weiß nicht, was ich sagen soll, wir stehen noch eine Weile, dann schlendern wir langsam wieder in sein Zimmer. Der Schreck sitzt mir immer noch im Kopf oder vielleicht auch im Magen oder im Herz, ich weiß nur, dass ich jetzt hier weg muss und mit jemandem reden muss. Erst einmal fahre ich nach Hause. Im Auto schüttelt mich die

Angst: Wie geht es weiter, was kommt noch? Es ist doch schon schlimm genug, was sich bis jetzt ereignet hat, ich fühle mich völlig hilflos und auch wütend. Als ich zu Hause ankomme, telefoniere ich erst einmal mit dem Kloster. Ich habe Glück, Alfons ist da und hat auch Zeit, ich kann sofort kommen. Ich sitze im Auto, bin völlig fertig und kann diese Steigerung des Schrecklichen überhaupt nicht mehr einordnen. Diese Krankheit, wahrscheinlich ein sehr bösartiger Hirntumor, ist doch schon schlimm genug, und da denkt mein Mann an Selbstmord! Ich bin so gefangen in meinem Leid und meinen Ängsten, dass ich für ihn im Augenblick kein Verständnis habe. Als ich im Kloster ankomme, kann ich erzählen, mit viel Weinen. Die Hilfe, die ich hier bekomme, besteht hauptsächlich im Zuhören, und ich fahre nach einer Stunde irgendwie getröstet nach Hause. Eigentlich wollten wir heute seinen 50. Geburtstag feiern, so wie die anderen oben in unserer Scheune. Kalli liebte diese etwas unkonventionellen Feste. Er lud viele Leute ein, jeder brachte eine Kleinigkeit mit zum Essen und brauchte sich keine Gedanken über ein Geschenk zu machen. Die Scheune haben wir nie als solche benutzt, nur als wir das Haus gekauft hatten, mussten wir drei Fuder altes Heu und Stroh wegfahren. Später dann hat Kalli den Fußboden der Tenne erneuert und die Fläche vergrößert, und so entstand ein großer Raum, der für Feiern optimal geeignet ist. Zumindest im Sommer, wenn die Außentemperaturen annehmbar sind.

Am späten Nachmittag fahre ich wieder zu ihm. Johanna und Nicole kommen nach. Um 18 Uhr ist in der Klinikkapelle eine katholische Messe, und ich schlage vor, dort hinzugehen. Kalli möchte auch, und die Mädchen schließen sich an. Der Raum ist hell und freundlich eingerichtet, viele Kerzen brennen und der Harmoniumspieler sitzt auf seiner Bank und spielt sich ein. Wir setzen uns auf die geflochtenen Stühle und nehmen an diesem Gottesdienst teil, beten mit und singen mit, allerdings bleibt mir manchmal der Ton im Hals stecken. Dann mache ich eben eine Pause. Ich kriege nicht mit, worüber der Pater predigt, aber es tut gut, hier zu sitzen. Nach der Predigt bietet er das Sakrament der Krankensalbung an, und ich gucke zu Kalli, ob er dieses Angebot annehmen will, aber er schüttelt den Kopf. Ich bin maßlos enttäuscht, ich habe den Eindruck, dass er seine Krankheit nicht ernst genug nimmt. Außerdem kriege ich das Gefühl, dass mir etwas weggenommen wird, denn ich kann dort nicht hingehen. Gerne würde ich mir mit dieser symbolischen Handlung Segen und Kraft für die nächste Zeit holen, aber ich bin ja nicht krank!

Nach dem Gottesdienst gehen wir langsam wieder nach oben auf die Station, denn es hat ihn doch angestrengt. Am folgenden Abend ist in der Osthalle im Eingangsbereich des Klinikums ein Konzert, und dort gehen wir auch hin. Wir schlendern langsam durch die Gänge, die am Wochenende so schön leer sind, vorbei an kleineren Ausstellungen, und finden einen Platz, der so liegt, dass es nicht stören würde, falls wir eher gehen müssten. Es ist ein Gitarrenkonzert, und wir entdecken Johannas Gitarrenlehrer unter den Künstlern. Für kurze Zeit hält mich die Musik gefangen.

Unruhig erwarte ich die kommenden Tage, da spätestens bis Mittwoch die genaue Diagnose bekannt sein wird.

Zu Hause hat Nicole sich aus unserer Tischsammlung einen runden Tisch für ihre Wohnung ausgesucht. Sie will ihn abschleifen. Wir beginnen mit den Tischbeinen, schrauben sie ab, schleifen sie ab, dann auch das Grundgestell. Wir kommen ganz gut zurecht. Wochen später schaffen wir es auch, eine neue Tischplatte zu bauen. Nicole besorgt eine Arbeitsplatte aus Buchenholz, und mit der der alten Platte als Vorlage schneiden, bohren und schrauben wir, bis der Tisch fertig ist. Später wird er auch noch geölt. So üben wir uns in Selbständigkeit.

Eine Dichtung am Badewannenzulauf hält nicht mehr, ich erzähle Kalli davon. Er meint ich solle am nächsten Tag die Hähne mitbringen, er könne mir erklären, was ich kaufen müsse. So sitzt er am Sonntag auf seinem Bett, die Wasserhähne vor sich, und erzählt mir, was ich besorgen müsse. Zwischendurch kommt mir dieser Krankenhausaufenthalt nur wie eine Unterbrechung unseres eigentlichen Lebens vor, wenn da nicht die Worte des Chirurgen aus der ersten Nacht in meinem Gedächtnis wären.

Am Montag, also genau eine Woche nach der Operation, kommt im Laufe des Vormittags eine Schwester ins Zimmer und bittet uns in das Arbeitszimmer des Chirurgen, er wolle uns die Diagnose und den weiteren Therapieverlauf mitteilen. Kalli steht auf, ich halte ihm den Bademantel hin, und dann gehen wir hinter der Schwester her. Durch Gänge, Zwischentüren, bald sind wir da. Es ist ein trostloser Raum, ein ziemlich eintöniger Konferenzraum mit mehreren weißen Tischen und Plastikstühlen, Licht kommt durch einen Schacht, mehrere Neonlampen brennen unter der Zimmerdecke und unterstreichen die absolute Unpersönlichkeit und Kahlheit dieses Raumes. Der Arzt spricht von der Operation, was man entfernen konnte und was man wegen der lebenswichtigen Umgebung im Gehirn habe nicht entfernen können. Er nennt die Typisierung nach dem Tumorschema der Weltgesundheitsorganisation und stellt uns nun die nötigen therapeutischen Schritte vor: nach Abheilung der Wunde müsse bestrahlt werden, eine leichte Chemotherapie könne man versuchen. Ich höre seine Worte, spüre, wie ich eigentlich neben mir stehe und kann mit dieser Klassifizierung nichts anfangen. Mein Mann hat eine Frage zu dem Ablauf der Chemotherapie. Dazu müsse er jedes Mal für einige Tage in die Klinik, aber wir hätten ein paar Tage Zeit, uns das zu überlegen. Bis auf weiteres dürfe er kein Auto fahren.

Mit meinem Mann neben mir kann ich die entscheidende Frage nicht stellen, und so haben wir scheinbar keine mehr und sind entlassen. Irgendwie finden wir auf die Station zurück und gehen erst einmal ins Zimmer. Wir sind beide stumm. Es beginnt die große Entfremdung: ich fürchte, wenn ich ein Wort sagen wollte, dass es mir nicht gelänge und ich in Tränen ausbräche. Was in Kalli vorgeht, kann ich nur ahnen. Vielleicht die Vorstellung einer langdauernden Behandlung mit viel Rücksichtnahme auf seinen körperlichen Zustand, wo er doch eigentlich bisher ein Mensch war, der planen und arbeiten konnte, ohne auf sich selbst Rücksicht nehmen zu müssen. Vielleicht sind auch bei ihm die Worte dazwischen lauter angekommen als die eigentlichen, die der Arzt gesagt hat. Mir lässt die Klassifizierung keine Ruhe, ich weiß, dass der Tumor ganz sicher noch einen anderen Namen hat und mache mich auf die Suche nach dem Arzt. Er sitzt jetzt in seinem Arbeitszimmer, und ich kann sofort zu ihm. Es ist ein kleines Zimmerchen, vollgestellt mit zwei Schreibtischen und Regalen mit der nötigen Fachliteratur, hohe Stapel von Papier auf beiden Tischen. Ich setze mich auf einen der Besucherstühle und bitte um den Namen dieses Tumors. Der Arzt scheint nicht überrascht, dass ich auftauche und gibt bereitwillig Antwort. Die Einteilung in Grade bezeichne die Bösartigkeit, der Name sei Glioblastom. Das sei der bösartigste Tumor im Kopf, den man als Erwachsener haben könne, und mein Mann habe noch ein bis anderthalb Jahre zu leben. Er habe aber auch einen Patienten, der schon länger überlebt habe, der allerdings schon mehrmals operiert worden sei. Ich sitze da, ich kann es nicht fassen. Bilder unserer Familie, die mir soviel Geborgenheit bedeutet, die mir zu Hause ist, gehen mir durch den Kopf. Die Geburtstage, Weihnachten, der nächste Sommer, wie wird es werden? Die Operationstechniken wurden verbessert, aber an der eigentlichen Therapie und Prognose habe sich seit gut fünfzig Jahren nichts geändert. Der Tumor sei in etwa sechs Wochen auf diese Größe herangewachsen. Vor sechs Wochen ungefähr war Ostern! Was war in dieser Zeit, dass seine Immunabwehr so sehr danieder lag? Ich weiß nichts mehr zu fragen und zu sagen, bedanke und verabschiede mich und gehe wieder zu meinem Mann ins Zimmer. Die Bilder in meinem Kopf überstürzen sich, ich sehe meinen geliebten Kalli kränker werden und sterben, dann sehe ich uns bei der Beerdigung und unser Leben ohne ihn. Vor ein paar Tagen habe ich in meine Lehrbücher geschaut und über Hirntumore nachgelesen: Anfälle, Lähmungen, Erblindung, Persönlichkeitsveränderungen, an all das muss ich jetzt wieder denken. Ich sitze bei ihm am Bett und bin doch ganz weit weg, in meinen Ängsten gefangen. Wir reden über die Chemotherapie, Kalli will sie nicht, er müsste immer wieder für ein paar Tage in die Klinik. Ich sehe eine winzige Chance und möchte die gerne wahren. Ich werde mich erkundigen. Heute weiß ich, dass es keine signifikanten Unterschiede zwischen Patienten gibt, die mit oder ohne Chemotherapie bestrahlt wurden.

Irgendjemand von der Radioonkologie wird auch noch mit uns sprechen, da die Bestrahlung geplant werden muss. Das Mittagessen kommt, ich leiste ihm Gesellschaft, es schmeckt ihm auch, aber er freut sich schon auf die Radieschen aus dem Garten, die ich ihm am Nachmittag mitbringen soll. Auf seinem Tablett stehen auch die Tabletten. Die Cortisontabletten sind gut erkennbar, und ich habe ein gespaltenes Gefühl. Einerseits habe ich diese Tage mit Kalli dem Cortison zu verdanken, aber andererseits ist es auch ein Medikament mit gefährlichen Nebenwirkungen, wenn es lange genommen werden muss.

Jetzt fahre ich nach Hause. Jonathan hat heute wieder Klavierunterricht, und ich heute Abend das letzte Mal Autogenes Training für meine Weiterbildung. Das ist gedanklich so weit weg, aber ich möchte diesen Kurs doch fertig machen. Dieses Festhalten an äußeren Terminen und Gegebenheiten hat mich zum Teil durch diese Zeit getragen und auch lange hinterher unserem Leben Struktur gegeben. Zwischendurch arbeite ich immer mal wieder im Garten, da jetzt im Frühsommer alles gut wächst, natürlich auch das Unkraut. Die Gartenarbeit ist für Kalli neben der Familie das große Hobby, und ich möchte ihm zeigen, dass ich das weiß und dass ich ihn auch unterstützen will. Bestimmte Gemüse müssen gepflanzt werden, und so nehme ich mein Notizbüchlein und mache mir meine Eintragungen nach seiner Anweisung. Am Freitag soll er entlassen werden. Die letzten Tage vergehen schnell. Vorher will er seinem Mitpatienten ein typisches Eichsfelder Abendbrot ausgeben mit Mettwurst und Thüringer Mett, Zwiebeln, Leberwurst und richtigem Brot und Brötchen. Es schmeckt ihnen beiden, und sie sind in guter Stimmung.

In meinem Standesblatt, dem Deutschen Ärzteblatt, ist gerade in dieser Woche der Leitartikel der „Strahlenchirurgie in der Behandlung von intrakraniellen Tumoren und Gefäßmissbildungen" gewidmet. Bei sehr kleinen Tumoren sind ganz gute Erfolge erzielt worden, aber bei Glioblastomen gibt es bislang nur unwesentliche Verbesserungen. Dieser Zufall, dass ausgerechnet jetzt ein solches Thema dort aufgenommen wird. Gleichzeitig bestätigt dieser Artikel nur die schlechte Prognose, die mir der Chirurg schon gesagt hat.

Ich telefoniere mit meiner Cousine in Fulda. Sie erzählt, dass sie einen Neurochirurgen kennt, und sie will mir weiteres Informationsmaterial besorgen. Einmal über den Tumor und seine Prognose, vor allem auch über das Chemotherapeutikum, das Kalli vielleicht nehmen soll. Ein paar Tage später kommen mit der Post ein lieber Brief von ihr mit vielen guten Wünschen und einige Fotokopien. An der Prognose hat sich nicht viel geändert, das hatte mir der Chirurg schon gesagt, und das habe ich auch in dem Artikel gelesen. Der eine Artikel, den er mir fotokopiert hat, ist derselbe, den ich selbst in meinem Ärzteblatt gelesen habe. Das Medikament ist halt ein Chemotherapeutikum mit den üblichen Nebenwirkungen. Das Problem bei Hirntumoren ist die Hirngängigkeit der Medikamente. Zu seinem eigenen Schutz lässt der Hirnkreislauf nicht alle Stoffe in das Hirngewebe eindringen, man spricht von der Blut-Hirn-Schranke. Die Mittel erreichen das Tumorgewebe nicht. Man forscht, ist aber in dem Bereich noch nicht sehr weit gekommen.

Die Kinder planen ihre Besuche bei Kalli ganz nach ihren Zeiten, entweder direkt nach der Schule oder der Arbeit, oder sie fahren mit mir mit, oder wir treffen uns dort, und sie kommen dann mit mir nach Hause. Es ist eine Umkehrung dessen, was sie sonst erlebt haben: Kalli kam immer, um sich um sie zu kümmern. Zuletzt lag Jonathan im Krankenhaus. Das war vor drei Jahren, als er sehr starke Schmerzen im Knöchel hatte und nicht klar war, ob das eine rheumatische oder „nur" bakterielle Erkrankung war. Nun müssen sie sich um ihren Vater kümmern. Sie wollen es aber auch.

Einmal treffe ich mich mit Jonathan in der Stadt, er braucht neue Sommersachen. Ich stehe am Nabel in der Fußgängerzone und warte auf ihn. Rings um mich her laufen die Menschen, es ist warm, und alles hat etwas Leichtes. Ich denke an meinen Mann und an die Prognose und kann die Tränen kaum zurück halten. Da kommt Jonathan auch schon, und wir gehen los. Aber diese Welt der Kaufhäuser, Geschäfte und Boutiquen hat für mich so etwas Unwirkliches, ich fühle mich wie auf einem anderen Stern. Mitten auf der

Rolltreppe bei Karstadt kann ich meine Tränen nicht mehr zurück halten und weine lautlos vor mich hin. Mit schlechtem Gewissen, weil ich denke, eigentlich muss ich doch wenigstens für die Kinder voll da sein. Einen stabilen Menschen brauchen sie doch. Es kommen Erinnerungen hoch an die Zeit, als meine Eltern nicht mehr da waren. Nicht nur, dass sie uns, nämlich meiner Schwester und mir fehlten, sondern auch die Großeltern waren nicht mehr die freundlichen und gütigen, die wir kannten, sondern die von Leid und Trauer gezeichneten: ein doppelter Verlust für uns. Diese Gedanken, Gefühle und Ängste werden mich jahrelang begleiten.

Seit einigen Tagen hat Kalli leichte Zahnschmerzen, aber die Ärzte und er beschließen, dass er nach seiner Entlassung am Ende der Woche den Zahnarzt aufsuchen soll. Endlich ist Freitag, ich kann ihn holen! Die Parkplatzsuche ist jeden Tag nervig, weil einfach der Platz nie ausreicht außer am Abend und am Wochenende. Ich parke ein paar Straßen weiter, wie sonst auch und hoffe, dass Kalli den Weg schaffen möge. Oben auf Station gibt es noch einen Arztbrief für unsere Hausärztin und den Hinweis, dass die Strahlenklinik sich bei uns melden werde. Dann können wir gehen. Zwischendurch habe ich gepackt und trage nun die Reisetasche, denn körperliche Anstrengungen soll er noch meiden. Wie lange? Wahrscheinlich für immer, für den Rest seines Lebens, denke ich. Dieses gespaltene Dasein, einerseits den Alltag mit Kalli und den Kindern leben, aber andererseits wie auf einer dünnen Eisschicht sich bewegen, wird mich und uns die nächsten Monate, vielleicht Jahre bestimmen. Aber heute scheint die Sonne und wir sind auf dem Weg zum Auto. Ich versuche mich in ihn hineinzuversetzen und fahre vorsichtig. Die Kurven nehme ich behutsam, ich bremse nicht abrupt, mir wird klar, dass unser ganzes Zusammenleben sich ändern wird. Den Arztbrief aus der Klinik bringen wir in der Hausarztpraxis vorbei. Zu Hause auf dem Hof angekommen nehme ich mich sehr zusammen, um nicht zu weinen, schöne Erinnerungen kommen hoch. Eine Woche nachdem unser erstes gemeinsames Kind geboren ist, holt Kalli uns aus der Klinik ab, diese Freude, dieses Hochgefühl! Und heute? Wir gehen ins Haus, ich plane das Essen und den weiteren Vormittag, Kalli liest die Post, die noch gekommen ist und die heutige Zeitung, der Alltag hat uns scheinbar wieder. Ich möchte mit ihm in den Garten gehen und ihm zeigen, wie es jetzt aussieht, er war drei Wochen nicht da! Diese gemeinsamen Gartenrundgänge haben für uns immer auch etwas Rituelles und ich freue mich darauf. Außerdem möchte ich ihm zeigen, dass der Garten einigermaßen in Ordnung ist. Wir gehen durch den Keller und kommen über die Terrasse bis zu unserem Gewächshaus. Das hatte er sich vor zehn Jahren zu seinem vierzigsten Geburtstag gekauft. Die Tomaten stehen gut und auch die anderen Gemüsebeete und Blumenbeete sehen gut aus. Ich bin zufrieden. Mein Mann, für den der Garten neben der Familie wichtigstes Hobby war, geht durch seinen Garten wie ein Fremder. Ich kann es nicht fassen, kein Satz, kein Lob, keine Äußerung über Irgendetwas, was er hier sieht. Da kommt für mich zum ersten Mal eine Ahnung auf, was mit Persönlichkeitsveränderung gemeint ist.

Die Kinder kommen aus der Schule, wir essen, anschließend ist Mittagschlaf angesagt: Kalli ist doch erschöpft. Am späten Nachmittag kommt ein Cousin mit seiner Frau. Der erste Besuch hier zu Hause. Wir freuen uns, sie zu sehen, aber es wird ein schwieriges Gespräch, die üblichen Redewendungen helfen nur bedingt weiter. Nach einer Stunde verabschieden sie sich, und während sie vom Hof fahren, kommen Freunde aus dem Dorf. Da gerade Abendbrotzeit ist, laden wir sie zum Essen ein, und ich bin froh, dass ich mich darum kümmern kann. Die Frau ist Ärztin und kennt die Diagnose und Prognose. Ich decke den Tisch, hole Wurst und Käse und Gemüse, suche Getränke zusammen und weiß gleichzeitig, dass es so in der nächsten Zeit weitergehen wird. Wir wissen die Diagnose und die Prognose und dennoch leben wir äußerlich weiter, als ob sich nichts getan hätte. Das Leben geht weiter, wie oft habe ich das früher schon gehört und jetzt muss ich es auch wieder hören und leben. Und das zieht sich über Jahre noch nach Kallis Tod hin. Irgendwann im Laufe dieses Abends gehen wir zu Bett, und ich freue mich, dass ich meinen Mann wieder neben mir habe. Ihn spüren, hören und wissen, dass er da ist, ein bisschen kommt Hoffnung hoch, dass wir es vielleicht doch schaffen könnten. Es gibt gelegentlich Wunder, also Spontanheilungen. Kalli ist doch ein so positiv eingestellter Mensch, vielleicht schafft er es!

Die Nacht wird unruhig, er hat starke Zahnschmerzen und am nächsten Morgen rufe ich bei unserem Zahnarzt an. Er ist ein Freund, und wir fahren samstagvormittags in die Praxis: die körpereigene Abwehr ist durch das Cortison geschwächt, und es hat sich in den letzten Wochen wohl ein großer Eiterherd im Wurzelbereich eines Backenzahns gebildet, vermutlich die erste Folge der Cortisonbehandlung. Der Zahn muss raus! Knapp zwei Stunden später sind wir wieder zu Hause, aber das kleine Pflänzchen Hoffnung vom Abend vorher hat einen Dämpfer bekommen. Die Hausärztin kündigt telefonisch ihren Besuch für diesen Nachmittag an, um die weiteren Behandlungsschritte zu besprechen. Ich sage, dass wir zu Hause seien und freue mich auf diesen Besuch. Sie wird uns eine freundliche und kompetente Begleiterin für die nächsten Monate. Wir sitzen im Garten auf unserer großen Schaukel, sie lässt sich erzählen, wie es in der Klinik war, und dann erläutert sie die Begleitmedikation für die nächste Zeit: Ein Tumor raube dem Körper wichtige Stoffe, und es gehe dem Patienten besser, wenn er sie durch entsprechende Medikamente ersetze. Dazu komme noch die Thromboseprophylaxe, er soll Spritzen bekommen und Gummistrümpfe. Auf jeden Fall so lange er sich noch viel schonen muss. Krankengymnastik wird ihm auch verordnet, da er auch wieder Zutrauen zu seinem Körper gewinnen soll. Mit guten Wünschen und der Zusicherung, dass wir sie jederzeit erreichen können, verabschiedet sie sich. Die Angst springt mich an. Was kommt noch alles auf uns zu!? In meinen schlauen Büchern habe ich nachgelesen: Halbseitenlähmungen, Sprachstörungen, extreme Verhaltensänderungen auch im sexuellen Bereich. Oft werden diese Patienten laut und distanzlos, manchmal auch brutal. Ich bin völlig fertig.

Das Wetter ist immer noch schön, und wir gehen eine kleine Runde im Dorf, schauen kurz bei Freunden vorbei, aber es ist anstrengend für Kalli, und bald sind wir wieder zu Hause. Er ruht sich aus, ich ernte die ersten Erdbeeren dieser Saison. Irgendwann kommt Alexa vorbei. Sie hat ihren Mann vor knapp vier Jahren durch den plötzlichen Herztod verloren. Seit dieser Zeit ist der Kontakt noch enger geworden, und sie holt sich manchen Tipp bei uns, wenn es um Haus und Garten geht. Sie kann es gar nicht fassen, was bei uns jetzt los ist.

Am folgenden Tag feiern Freunde die Taufe ihrer kleinen Tochter, aber Kalli meint, er möchte zu Hause bleiben, und so mache ich mich schweren Herzens auf den Weg. Ich weiß, dass die Kinder zu Hause sind, denn ich bin mir nicht ganz sicher, ob ich ihn allein lassen kann. Die Taufe ist ein schönes Fest, Alfons aus dem Augustinerkloster leitet den Gottesdienst. Ich bin in Gedanken ständig bei meinem Mann und den Zukunftsängsten. Zwischendurch muss ich aufpassen, dass ich nicht anfange zu weinen. Ich möchte in diese schöne Feier nicht so etwas Schweres bringen. Als es zu Ende ist, bin ich froh, wieder nach Hause fahren zu können. Es kommt mir vor wie eine Burg. Freunde aus Hannover sind da, sie sind auf der Durchreise vorbeigekommen. Sie sitzen mit Kalli im Wohnzimmer und erzählen, und wollen von ihm hören, wie es im geht. Sie sind schon eine ganze Zeit da, als ich komme, und so sehen wir uns nur kurz. Aber es ist gut so, ich brauche kein schlechtes Gewissen zu haben, dass ich ihn allein gelassen habe.

Heute ist Montag. Ich muss einige Termine für Kalli klären und Jonathan muss zum Klavierunterricht. Gegen Mittag ruft der zuständige Arzt aus der Strahlenklinik an. Ich war bei der Untersuchung und dem Gespräch mit Kalli nicht dabei. Er möchte mich jetzt sprechen, um mir die weitere Vorgehensweise zu erläutern. Er meint, Kalli habe eine gute Konstitution und würde die Bestrahlungen wohl gut überstehen. Er müsse sich jetzt, solange die Bestrahlungen noch nicht angefangen hätten, gut erholen. Aber mir wolle er sagen, dass, wenn die Krankheit fortschreiten solle, ich mir viele Helfer für Haus und Garten und Pflege suchen müsse. Ich höre diesen Satz, kann mir aber nicht so recht vorstellen, was er meint. Die Anteilnahme und Fürsorge am Telefon tun gut. Wochenlang habe ich diese Worte im Ohr. Wir beenden das Gespräch. Das sind die Bedrohungen, die im Hinterkopf sitzen und manche Umarmung und manches Lächeln sehr mühsam machen. Ich versuche sie weg zu schieben, manchmal gelingt es sogar, und den Augenblick zu leben: der morgige Tag wird für sich selber sorgen. Irgendwo steht das in der Bibel, ich glaube bei den Psalmen. Monate später weiß und verstehe ich, was der Arzt meinte.

Am Abend kommt der Mann vom Sanitätshaus, um Kallis Beine zu vermessen, er soll Kompressionsstrümpfe bekommen. Tumorpatienten sind verstärkt Thrombose gefährdet. Er ist ein ruhiger und freundlicher Mann, und ich ahne, dass wir ihn noch oft bei uns sehen werden. Ungefähr zwei Jahre nach Kallis Tod lese ich seine Todesanzeige in der Zeitung. Auch er hatte Krebs. Nebenbei, irgendwie, läuft der Haushalt, auch die Gartenarbeit wird erledigt, die Kinder helfen, und unser Alltag kriegt einen Hauch von Normalität. Zur Krankengymnastik begleite ich meinen Mann, weil ich denke, dass ich dort vielleicht lernen kann, wie ich ihn unterstütze, und was ich mit ihm üben kann. Unser gemeinsames Frühstück in der Woche, es ist kein Urlaub, kein Wochenende, hat etwas Irreales. Ich schiebe die schweren Gedanken weg, so gut ich kann, aber es gelingt nur bruchstückhaft. Wir müssen noch einmal zum Zahnarzt, die Krankengymnastiktermine laufen an, auch die Strahlenklinik meldet sich mit diversen Terminen, aber bis dahin ist noch etwas Zeit, erst im Juli müssen wir dorthin.

In dieser Woche habe ich einen Traum, der meine Lage gut beschreibt: ich bin mit Kalli in einem Raum. Er schläft, und in einer Ecke liegt eine große Kugel mit einer kurzen Zündschnur. Sie ist zweifelsfrei als Bombe zu erkennen und tickt. Ich spüre, ich habe keine Chance. Mit einem Gefühl von wahnsinniger Angst und starkem Herzklopfen wache ich auf.

Am Freitagabend feiert Manuels Klasse ein Klassenfest, ich sage meine Teilnahme ab, ich kann nicht feiern. Johannas Kursfahrt steht an, und sie stöhnt, dass sie noch packen müsse. Wir sitzen in der Küche, Elmar ist da, und wir trinken einen Kaffee. Sie freute sich sehr auf diese Fahrt, aber jetzt ist ihr schwer ums Herz, und sie schiebt das Packen vor sich her. Kalli registriert das und macht sich halb über sie lustig, halb schimpft er mit ihr. Da ist es um ihre Selbstbeherrschung geschehen, sie fängt an zu weinen und flieht in ihr Zimmer. Da kann ich mich nicht mehr zurückhalten und mache ihm Vorwürfe: Wir hätten Angst um sein Leben und die Zukunft unserer Familie, und er rede so verletzend. Er rechtfertigt sich vor Elmar. Ich höre zu und spüre die kleinen Veränderungen seiner Persönlichkeit. Noch sind sie relativ harmlos, aber wie geht das weiter? Und ich ahne, dass ich meine Kinder, die ja doch auch die seinen sind, vielleicht öfter schützen muss.

Die Krankmeldung muss zum Arbeitgeber und zur Krankenkasse. Ich fahre zur Hausärztin und hole die Papiere. Auf dem Weg von der Praxis zum Auto lese ich mir beides durch. Auf der Meldung für den Arbeitgeber steht nur die Frist bis zum nächsten Termin, aber auf dem Schein für die Krankenkasse stehen unter Diagnose die fürchterlichen Worte: Zustand nach Palliativ-Op. bei Glioblastom. Das liest sich so schrecklich. Zu Hause angekommen, mache ich gleich beide Briefe fertig, ich will das nicht noch einmal lesen. Es ist so überdeutlich und erinnert mich sofort an die Prognose, die in meinem Lehrbuch steht, und die der Chirurg mir genannt hatte: ein bis anderthalb Jahre!

Wir fahren an den See, um dort ein bisschen spazieren zu gehen. Es geht alles langsamer als sonst. Wir schauen eine Weile den Enten zu, dann gehen wir am Ufer entlang zu dem Podest hinter dem Restaurant. Dort führen etwa zehn Stufen hoch, und dann hat man einen schönen Blick über den See, an klaren Tagen bis zum Harz. Unten im Schilf kann man eine ganze Menge Wassertiere beobachten, auch die Vögel lassen sich fast nicht stören. Auf der anderen Seite des Ufers liegen die Anglerstege von Bernshausen und Wollbrandshausen. Im Winter sind das die Anlaufstellen beim Schlittschuhlaufen. Wenn es das Eis erlaubte, waren wir oft auf dem See zum Eislaufen. Kalli zeigt auf den Steg von Wollbrandshausen und meint, wenn ich dann im nächsten Jahr dort alleine stände, könne ich mich erinnern, dass wir in diesem Jahr hier zusammen gestanden hätten.

Er weiß also, wie es um ihn steht! Aber wie soll ich reagieren? Ich kann ihm keine Hoffnung machen, die Fakten, die Statistik stehen dem zu sehr entgegen. Mir bleibt die Luft weg, mir wird fast schwindelig, ich rücke ein bisschen näher zu ihm hin, und sage ihm, dass ich ihn sehr liebe, egal was komme. Dass ich aber auch Angst vor der Zukunft habe, weil er so sehr krank sei. Ein paar Tage später fahren wir nach Germershausen, um dort spazieren zu gehen. Wir gehen den Pappelweg entlang, dann setzt er sich auf eine Bank. Er ist sichtlich angestrengt, und sagt, das sei, wie als wenn er einen schweren Rucksack trüge, den er nicht ablegen könne. Dieses Bild erschüttert mich zutiefst. Ich wollte dafür sorgen, dass er sich für die Bestrahlungen erholt, aber ihn nicht quälen. Oh, es ist so furchtbar! Aber es gibt auch kleine Fortschritte: am Wochenende haben wir das erste Mal nach dem Krankenhausaufenthalt wieder miteinander geschlafen. Es war lieb, es war zärtlich, seine Lebensgeister kommen wieder. Manchmal keimt die Hoffnung, vielleicht können wir es doch schaffen. Aber ich muss ihn auch zu sehr vielen Sachen regelrecht antreiben: aufstehen, duschen, spazieren gehen. Er schläft viel. Heute Nachmittag wollen wir Onkel Benno zu seinem Geburtstag überraschen. Ich hatte heute Morgen schon per Telefon gratuliert und eigentlich abgesagt. Wir setzen uns ins Auto, ich fahre vorsichtig, und nach einer knappen Stunde sind wir da. Die Überraschung ist uns gelungen, Onkel Benno freut sich sehr. Aber ich spüre auch die Befangenheit der Cousins und Cousinen. Ich bin hauptsächlich gefahren um zu dokumentieren, wie es uns geht, wie es mir geht mit dieser Prognose, die mein ganzes bisheriges Leben verändern wird. Wir trinken Kaffee, essen Geburtstagskuchen und sind eingebettet in diese große Gemeinschaft. Ich möchte nicht so alleine sein mit diesem fürchterlichen Wissen, aber der Schock über die Aussichtslosigkeit dieser Krankheit ist nicht zu überwinden. Ich spüre deutlich, wie schwer es ihnen allen fällt, dieses anzusprechen. Wenn man nicht drüber spricht, ist es vielleicht nicht wahr. Nach zwei Stunden machen wir uns auf den Heimweg, begleitet von Genesungswünschen aller. Kalli sieht angestrengt aus, dies war der erste Ausflug nach der Operation. Wir gehen in dieser Zeit relativ früh ins Bett: Kalli, weil er sich noch erholen muss, und ich, weil ich ahne, dass ich Kräfte sammeln muss. Ich rutsche dann zu ihm ins Bett, genieße die Nähe und die Wärme und habe gleichzeitig eine abgrundtiefe Angst vor der Zukunft ohne ihn. Zum Einschlafen mache ich dann autogenes Training, das hat mir bisher immer geholfen. Dazu gehört viel innere Disziplin, aber noch klappt es.

In dieser Woche wollen uns viele Freunde besuchen, und ich beginne, eine Liste zu führen, denn zu viel Besuch auf einmal ist für Kalli zu anstrengend und für mich auch. Außerdem sehe ich die Chance einer möglichen Entlastung für mich. Wochen nach Kallis Tod meint eine Bekannte, ich habe Kallis Sterben gemanagt. Das hat mich furchtbar verletzt, aber etwas Wahres ist auch dabei.

Aber ich manage auch mich selbst. Immer wieder steigen Bilder und Fakten über den weiteren Ablauf dieser Erkrankung auf, und ganz langsam habe ich Angst, dass ich das nicht mehr lange aushalte. Diese Visionen über den möglichen Verlauf der Krankheit, die letztlich bald zum Tode führt, sind zu furchtbar. Mit viel intellektueller Kraft mache ich mir immer wieder klar, dass Kalli jetzt noch lebt und bei uns ist. Dass er noch selbst essen und trinken kann, dass er noch selbständig gehen kann, dass er noch reden kann und so manches andere mehr. Ich sage mir, dass ich jetzt seine Nähe noch genießen kann, wenn auch nicht mehr so wie früher, aber er ist noch da. Als Motto lege ich mir den Spruch zurecht: ‚Heute ist heut, was morgen kommt, das sehe ich dann.' Aber es gehören viel Kraft und immer wieder ein ganz bewusstes Daran--Denken dazu.

Dieses Reglement der Besuche, die Wahrnehmung der Termine für Kalli, ich muss das alles regeln. Unsere Urlaube für diesen Sommer müssen wir schweren Herzens absagen. Der Urlaub ohne Kinder in der Rhön brachte uns immer besonders viel Nähe und Gemeinsamkeit, und als ich dort anrufe und erkläre, warum wir nicht kommen können, spüre ich die Betroffenheit unserer Wirtin am anderen Ende der Leitung. Ich sehe sie vor mir, wie sie am Telefon steht, habe die Berge der Rhön vor meinem geistigen Auge und bin am Weinen. Da wir beide uns mit Kind kennen gelernt hatten, fehlte uns die kinderlose Zeit ganz, und so planten wir, sobald die Kinder alt genug waren und gut verteilt werden konnten, wenigstens eine Woche pro Jahr Urlaub nur zu zweit. Die Fahrt sollte nicht lange dauern, damit wir nötigenfalls schnell zurück sein könnten. Die Rhön wurde unser Ziel, weil ich sie als Kind schon an der Hand meines Großvaters ein bisschen erwandert habe, und die Sehnsucht, dort mal wieder zu sein, groß war. Aber das eigentliche Ziel dort war, unsere Zweisamkeit zu genießen, und das haben wir auch immer getan. Den Tag gestalten mit Wandern, Schlafen, Essen und Lieben, ohne auf Jemand Rücksicht nehmen zu müssen, das tat unglaublich gut. Auch das ist jetzt also vorbei!

Johanna schreibt von ihrer Kursfahrt aus den Bergen. Es geht ihr gut, und sie unternehmen aufregende Touren. Diese Woche ist fast jeden Tag jemand zu Besuch, und ich spüre, dass ich das sehr brauche. Ich bin nicht allein, in Gegenwart der Freunde oder Verwandten kann ich auch ein bisschen entspannen oder mich auch mal für ein Weilchen zurückziehen. Ich empfinde diese Besuche nie als Belastung. Am Samstag kommen Freunde aus der Heide, wir haben schon viel miteinander erlebt, und nun sind sie ganz erschrocken. Peter hat das Zerbrechen der ersten Ehe von Kalli miterlebt. Und wir haben diese Familie wachsen sehen und viele Urlaubsreisen über Jahre miteinander gestaltet. Auch in diesem Jahr war der gemeinsame Urlaub schon geplant gewesen, den ich dann absagen musste. Wir wollten an den Großen Plöner See. Kalli und Peter unternehmen einen Spaziergang, und es tut beiden gut, miteinander zu reden. Am späten Abend fahren sie wieder heim.

Am Sonntag ist Sängertreffen auf dem ehemaligen Gutshof in unserer Nähe. Wir sitzen im Garten und hören die Chöre. Kalli ruht sich aus, ich mache mich auf den Weg und möchte auch ein wenig sehen. Auf dem Hof angekommen, suche ich einen freien Platz und grüße nach vielen Seiten. Wir wohnen schon zwanzig Jahre hier, und man kennt uns. Das Singen nimmt seinen Verlauf und lenkt mich ab. Nach einer Stunde gehe ich wieder, es hatte sich noch ein Cousin mit Frau angesagt, sie werden bald eintreffen. Vielleicht kommen wir nachher noch einmal alle gemeinsam vorbei. So geschieht es dann auch. Nach dem Kaffee machen wir einen kleinen Spaziergang und kommen an diesem Hof vorbei. Unser Sohn Manuel spielt mit seinem Freund Holger gerade ein Solo in der Blasmusik: Don't cry for me Argentina! In Gedanken ersetze ich Argentina mit meinem Namen, und schon laufen mir wieder die Tränen über das Gesicht. Irgendwann ist es zu Ende und wir gehen weiter. Manuel möchte abends mit einem anderen Freund Angeln gehen, ich bringe sie an den Angelteich und fahre langsam wieder zurück. Ich merke, dass ich gut auf mich aufpassen muss. Diese Zeit ist unglaublich anstrengend. Gerhard und Annette bleiben zum Abendbrot, und es wird ein gemütliches Essen. Später am Abend kommt ein richtiges Unwetter, und ich mache mir Sorgen um die beiden Jungen. Die Mutter des Freundes wollte sie holen. Als sie dann hier ankommen, sind sie nass bis auf die Haut, aber das eigentliche Gewitter kommt erst noch. Am nächsten Morgen hören wir, dass es der schlimmste Sturm seit vielen Jahren war, der auch viele Wälder zerstört hat.

Kalli muss früh zur Krankengymnastik. Diese frühen Termine sind mir ein Gräuel, er ist so langsam geworden. Ich muss ihn sehr früh wecken, damit er überhaupt aus dem Bett kommt, und dann brauchen die kleinen alltäglichen Schritte wie Waschen und Zähneputzen und dann das Anziehen sehr viel Zeit. Ich beschäftige mich parallel dazu mit Aufräumen oder Saubermachen, denn nur Zuschauen macht ihm vielleicht auch sehr viel Druck. Wir sind gerade wieder zurück, Kalli sitzt in der Küche und liest die Zeitung, als das Telefon klingelt. Onkel Benno erzählt, dass unser Cousin Gerd in der vergangenen Nacht überraschend im Krankenhaus gestorben ist. Sein Herz war nicht in Ordnung, vielleicht habe das extreme Wetter der vergangenen Nacht einen Herzinfarkt ausgelöst. Er nennt mir noch kurz den Beerdigungstermin, dann kann er vor lauter Weinen nicht weiter sprechen und wir beenden das Gespräch. Ich sage meinem Mann, was ich soeben gehört habe. Er ist ganz erschüttert und will auf jeden Fall zu der Beerdigung. Ich habe Angst, dass es ihm zu anstrengend werden könnte, aber das will er nicht hören. Ich merke, wie mich diese Nachricht gar nicht so erreicht, wie sie das zu normalen Zeiten getan hätte. Jetzt ist einfach so etwas Schweres hier bei uns, dass für anderes Leid beinahe keine Kraft mehr bleibt.

Juli

Der Donnerstag kommt schnell herbei, und am späten Vormittag starten wir. Für die Kinder schreibe ich noch ein Briefchen, dass sie sich die Erdbeeren teilen sollen. Ich fahre wieder vorsichtig, ich weiß ja nicht, wie es in dem Kopf meines Mannes aussieht, wir reden auch nicht viel miteinander, Kalli wirkt müde, und ich würde am liebsten sofort wieder umkehren. Ich fahre zu Tante Anni und Onkel Benno nach Hause, weil wir dort abwarten wollen, bis das Sterbeamt zu Ende ist. Tante Anni weint, Gerd war ihr wie ein jüngerer Bruder. Ich spüre, wie ich mich stark machen muss, um diesen Tag zu überstehen. Meine Gedanken sind gefangen von der Vorstellung, dass die nächste Beerdigung, die ich begehen muss, die meines Liebsten sein wird. Irgendwann fahren wir zum Friedhof am Dorfeingang und stellen uns in der Nähe der Kapelle auf. Es ist so schwül, oft schaue ich zu Kalli und hoffe, dass es ihm einigermaßen gut geht. Es ist ihm nichts anzumerken. Ich weiß, dass am Ende jeder Beerdigung ein Gebet für den gesprochen wird, der aus der Reihe der Trauernden der Nächste sein wird. Vor diesem Moment fürchte ich mich. Als es dann soweit ist, möchte ich am liebsten schreien: das wird mein Mann sein! Aber auch dieser Augenblick geht vorüber, und ich staune, wie viel ein Mensch aushalten kann. Die Beerdigung ist vorbei, und wir reihen uns in die Schlange der Kondolierenden ein. Ich nehme Helga in den Arm, sagen kann ich nichts, gehe noch zu den Töchtern und ihren Familien, und dann fahren wir nach Hause. Auf dem Heimweg meint Kalli, dass ihm unwohl sei und er fürchte, dass er erbreche müsse, aber wir schaffen es ohne. Er legt sich dann im Wohnzimmer auf die Couch und muss würgen, aber es kommt nichts und nach einer Weile scheint es ihm besser zu gehen.

Am nächsten Morgen hat er einen Termin in der Strahlenklinik, dort wollen sie ein Planungscomputertomogramm anfertigen, um die Gehirnbereiche genau berechnen zu können, in denen noch Tumorgewebe sitzt, um das dann gezielt bestrahlen zu können. Denn sie konnten nicht alles entfernen. Wir stehen früh auf, gemeinsam mit den Kindern. Sie gehen zum Bus, wir haben noch ein bisschen Zeit, frühstücken in Ruhe zu Ende und dann fahren wir. Die Strahlenabteilung ist fast im Keller untergebracht, die Wartezone ist voller Menschen, am Tresen muss man sich anstellen, aber das Ganze hat seine Ordnung und nach einer Stunde Warten ist Kalli dran. Ich sitze und warte! Ich schaue mir die anderen Patienten an, die hier herumsitzen. Fast alle sind mit Angehörigen gekommen, manche sehen sehr krank aus. Ich ahne, was auf uns zukommt: regelmäßige Fahrten hierher, Nebenwirkungen der Bestrahlung, viel Warterei, und das alles bei einer winzigen Chance, dass das Tumorwachstum ein Weilchen aufgehalten werden kann. Eine Heilung wäre ein Wunder. Ich wünschte, es könnte sich ereignen. Kalli kommt wieder und wir fahren nach Hause. Der nächste Termin ist erst in zehn Tagen. In den letzten Tagen ist Kalli nach dem Mittagschlaf nur schwer wieder auf die Beine gekommen, und nach diesem für ihn anstrengenden Vormittag lasse ich ihn länger schlafen. Am Spätnachmittag gehe ich hoch in unser Schlafzimmer und will ihn wecken, aber er schläft noch so fest, da gönne ich ihm noch eine Stunde. Dann schicke ich Manuel nach oben, aber er kommt gleich wieder zu mir und meint, Papa liege im Bett wie vor fünf Wochen, als alles anfing. Ich stürze nach oben und sehe, dass er Recht hat. Kalli hat auch Fieber, und ich rufe die Hausärztin an. Sie kommt sofort, untersucht ihn, die Operationswunde ist leicht entzündet, und meint, ich solle den Krankenwagen rufen, mein Mann müsse ins Krankenhaus. Sein Zustand ließe sich mit der kleinen Entzündung nicht erklären. Ich packe eine Tasche mit den wichtigsten Sachen und wir warten auf das Auto. Ich funktioniere wie ferngesteuert, ohne jede Emotion. Nicole wird erst noch einen Besuch bei einer Freundin machen und dann zum Klinikum kommen und mich abholen. Ich fahre wieder mit im Krankenwagen. Wir kommen im

Klinikum an, die Krankengeschichte ist schnell erzählt. Sie sind erst ein bisschen beeindruckt von der Wunde, aber ziemlich schnell wird klar, dass Kalli ein neurologischer Patient ist. Ein Computertomogramm wird angeordnet, ich kriege immer mehr das Gefühl, mich in einem Albtraum zu befinden. Nachdem die Aufnahmen gemacht sind, wird Kalli gleich auf die Station geschoben, die er vor drei Wochen verlassen hat. Ein Gefühl von Vertrautheit kommt bei mir hoch. Nicole ist in der Zwischenzeit auch angekommen, und wir räumen gemeinsam die Tasche aus. Eine Schwester bringt Kalli etwas zu essen, wir warten auf den diensthabenden Neurochirurg. Es ist diesmal ein anderer, und er meint, es sei sehr ernst. Er zeigt mir die Bilder und sagt, man könne nicht sehen, ob diese zusätzlichen Herde neue Tumore oder bakterielle Absiedlungen seien. Die genaue Abklärung müsse mit einem Kernspintomogramm erfolgen. Das Gerät sei zurzeit defekt, aber Mitte bis Ende der kommenden Woche könne die Untersuchung gemacht werden. Therapeutisch wolle man den Hirndruck reduzieren und die Infektion der Operationswunde antibiotisch behandeln. Kalli ist fertig mit seiner Nachtmahlzeit, eine Infusion wird angelegt, und Nicole und ich verlassen die Klinik. Es ist halb zwei Uhr in der Nacht. Am nächsten Morgen gehe ich erst einmal zur Nachbarin, zu Ilona in den Kuhstall. Ich muss es loswerden. Der Kuhstall hat etwas Beruhigendes, etwas Beständiges. Egal was kommt, die Kühe müssen ihr Futter bekommen und gemolken werden. Ilona sieht mir an, dass wieder irgendetwas ist, sie nimmt mich in den Arm, und hier kann ich weinen.

Ich nehme wieder meine regelmäßigen Fahrten in die Klinik auf, das Heftchen wird wieder gebraucht, damit ich nichts vergesse, und irgendwo, ganz tief in mir drin, wohnt das Entsetzen. Nicht nur bei mir, denn wir kriegen nun Post von vielen Seiten mit guten Vorschlägen für gesunde Ernährung und alternative Heilmethoden. Auch eine Kassette zur Heilungsimagination nach Simonton ist dabei. Ich habe schon einige Bücher von ihm gelesen und könnte mir das als hilfreich vorstellen. Aber diese Krankheit lässt Kalli keine Chance, sich mit ihr auseinander zu setzen. Er hat gar nicht die Kraft, sich dafür zu interessieren, und vielleicht auch nicht mehr den Verstand. Er freut sich, wenn ich komme und dass ich häufig da bin. Ich spüre bei mir viel Hoffnungslosigkeit, und ich muss viel weine viel. Die Kinder tragen mich, wir sehen am Samstagabend einen netten Zeichentrickfilm von Walt Disney: Der Zauberer und die Hexe. Ich schlafe zwischendurch immer mal wieder ein, aber zwischen meinen Kindern kann ich ein bisschen entspannen.

Ich schreibe einen Brief an meinen ehemaligen Therapeuten in Kassel, in dem ich ihm erzähle, was sich bei uns in den letzten Monaten ereignet hat. Ich weine und schreibe und schreibe und weine. Der Therapieabschluss war vor 4 Jahren, und ich möchte einfach nur, dass er sieht, dass es noch schlimmer kommen kann, als ich es als Kind schon hatte. Nach zwei Wochen kommt eine Antwort. Er äußert sich betroffen über die vielen Verluste, die ich schon erlebt habe und über den jetzt drohenden Verlust. Der Brief tut mir gut, weil er anerkennt, dass es wirklich schlimm ist. Auch wenn ganz konkret im Moment keine Hilfe möglich ist.

Johanna und Jonathan haben sich heute einen schönen Tag gegönnt, sie sind Fahrrad gefahren, haben sich ein Eis gekauft, anschließend sind sie auch noch Boot gefahren auf dem Seeburger See. Ich bin froh, dass die Kinder sich auch gegenseitig um sich kümmern, denn ich bin zurzeit innerlich und äußerlich sehr beschäftigt. Manuel sucht immer wieder Ablenkung bei den Nachbarn auf dem Bauernhof. Dort kann er viel mitarbeiten und so seinen Kummer ein bisschen in den Hintergrund treten lassen. Nicole plant weiterhin ihren Auszug in ihre erste eigene Wohnung.

Ich warte.

Damit die vielen Medikamente besser infundiert werden können, wird Kalli ein zentraler Venenkatheder gelegt. Dazu wird er auf die Intensivstation gebracht. Ich muss draußen vor der Tür warten. Es ist Sonntag und nicht ganz so hektisch wie während der Woche. Ich habe mir mein Tagebuch eingesteckt, um mir Notizen zu machen.

Die kleinen Wesensveränderungen nehmen zu: Wenn ich mich über ihn beuge beim Küssen und die Haare ihn kitzeln, stört ihn das. Wenn das Tablett mit der Mahlzeit kommt, dann schiebt er scheinbar pingelig die Utensilien langsam auf dem Tablett hin und her. Das kann schon mal mindestens eine Viertelstunde dauern. Von rechts nach links, mal in dieser Formation, mal in einer anderen. Auch die Bestecke werden in diese Schieberei mit einbezogen, manchmal auch der Teller und das Glas. Er denkt auch sehr langsam über die Frage nach, warum er nicht trinken will. Er denkt überhaupt sehr langsam. Diese Kleinigkeiten zeigen mir die langsame Persönlichkeitsveränderung und das macht mir Angst. Die Kinder schleifen das Schuljahr zu Ende. Hoffentlich sind bald Ferien! Aber was kommt danach?!

Kalli bekommt im Krankenhaus viel Besuch, Freunde aus der näheren und weiteren Umgebung. Sie kommen zu ihm, aber auch zu mir, was mir immer wieder Gelegenheit gibt, über die Krankheit und die fürchterliche Bedrohung, die uns erreicht hat, zu sprechen. Ich weine oft dabei, aber gleichzeitig erleichtert es mich auch. Wenn ich Paare sehe, junge, aber meist ältere, dann fürchte ich, dass mir bzw. uns ein gemeinsames Altwerden nicht beschieden sein wird. Auch fallen mir die vielen allein stehenden älteren Damen auf. Ich kriege diesen selektiven Blick. Das ist so ähnlich wie in der Schwangerschaft: auf einmal sieht man lauter Kinderwagen.

Wir organisieren uns, aber mir fehlt mein Leben, mein Lachen, meine Freude. Wie geht es weiter für mich? Ich hatte vor Jahren eine Weiterbildung angefangen. Oder ist eine Umschulung der bessere Weg? Ich habe fast nie außerhalb gearbeitet, das alles ist wie ein schwerer Sack voll Ungewissheit und Angst vor der Zukunft. Manchmal schaffe ich es dann, mich irgendeines Satzes der Bibel zu erinnern: Ich schaue auf zu den Bergen, woher kommt mir die Hilfe? Ein Psalm beginnt so! Und ich weiß nicht warum, aber ich fühle mich ein bisschen besser.

Ich gehe zu unserer Bank, um mir über sämtliche Konten Klarheit zu verschaffen. Denn ich denke mir, wenn Kalli erst einmal Ausfallserscheinungen bekommt, dann kann er nichts mehr unterschreiben, und ich bekomme Schwierigkeiten bei der finanziellen Haushaltsführung. Die Filialleiterin ist hilfsbereit und in kurzer Zeit ist alles geregelt. Ich spüre, auch dies ist ein Schritt in eine neue Selbständigkeit, die ich gar nicht will. Ich hatte nie Probleme, unsere Bankgeschäfte zu tätigen, denn da ich ständig zu Hause war, habe ich schon aus Zeitgründen vieles erledigt, um die gemeinsame Freizeit nicht mit Dingen zu belasten, die ich auch erledigen kann. Aber dies jetzt ist ein besonderer Schritt.

Die Infusionen laufen immer noch, die Untersuchung mit dem Kernspintomograph steht immer noch aus, weil das Gerät defekt ist, und so warten wir weiter. Ablenkung bieten die vielen Besuche. Ganz besonders freue ich mich über Besuch aus Fulda: meine Tante Wilma und meine Cousine Claudia wollen kommen. Wir sprechen uns telephonisch ab, und falls etwas dazwischen kommt und ich gerade nicht zu Hause sein sollte, können sie zur Nachbarin gehen, denn Ilona hat einen Hausschlüssel. Am Mittwochvormittag bittet mich der Oberarzt zum Gespräch, es sehe ganz schlecht aus, die neuen Schatten seien keine Abszessherde sondern neue Tumore. Das Schmetterlingsglioblastom habe sich eingestellt: Der Tumor an der operierten Stelle sei in der Zwischenzeit wieder genauso groß wie vor der Operation, zusätzlich sei in der anderen Hirnhälfte einer in derselben Größe gewachsen, und es gebe weitere Tumore mittlerer und kleinerer Größe. Er schickt mich in die Strahlenabteilung,

vielleicht könne man mit der Bestrahlung etwas eher beginnen. Ich weiß gar nicht, wo ich die zuständige Ärztin finden soll, da treffe ich zufällig jemanden aus unserem Dorf, der dort arbeitet. Er ruft telefonisch die Radiologin herbei. Sie macht mir aber klar, dass das Verfahren nicht schneller zu organisieren sei. Sie holt dann noch den Chef der Strahlenklinik. Er ist ein sehr zugewandter Mann, ich sitze in seinem Büro, und die Tränen laufen mir einfach so aus dem Gesicht. Er nimmt sich Zeit, erklärt mir noch einiges und legt mir eine Hand auf die Schulter. Ich sehe, dass auch er ganz erschüttert ist von dem Tatbestand, den er mir mitteilen muss. Und das tut so gut, ein bisschen Anteilnahme! Als ich auf die Station zurückkomme, um der Stationsärztin zu berichten, was ich erreicht bzw. nicht erreicht habe, zieht sie mich ins Stationszimmer, um mir noch einmal in aller Deutlichkeit klar zu machen, wie aussichtslos der gesundheitliche Zustand von Kalli ist, und dass ich auf alle Fälle meine finanzielle Versorgung und Ansprüche regeln müsse. Ich sitze auf einem fünfbeinigen Rollhocker, höre die Worte, aber sie können keine Gefühle mehr in mir auslösen. Im Augenblick ist es genug. Ich gehe zu Kalli. Er ist ziemlich schläfrig. Ich nehme seine Hände, streichle sie, drücke mein Gesicht in sie und denke gleichzeitig, wie lange noch? Ich will nicht, dass er stirbt! Wie soll ich ohne ihn weiterleben?
Ich will jetzt erst einmal nach Hause, Tante Wilma und Claudia kommen bald. Kalli schläft, ich schleiche mich davon und laufe regelrecht zum Auto. Was bin ich froh, dass unser Klinikum am Stadtrand in unserer Richtung liegt, so bleibt mir der starke Verkehr durch die Stadt erspart, und in zwanzig Minuten bin ich meistens zu Hause. Irgendein Mittagessen bereite ich vor, da kommen die Besucher aus Fulda. Ich freue mich so, gleichzeitig muss ich sehr weinen. Ich erzähle von diesem Vormittag, der selbst die kleinste Hoffnung zunichte gemacht hat. Manuel kommt auch schon, er war wieder drüben auf dem Hof. Ich nehme ihn in den Arm und mache ihm klar, was ich heute alles erfahren habe. Er hätte Gelegenheit gehabt, in den Sommerferien mit einer Jugendgruppe nach Irland zu fahren. Vor ein paar Tagen hat er aber abgesagt, und ich bin jetzt froh, dass er das getan hat und sage ihm das auch. Wir wissen ja nicht, wie schnell es gehen kann bei diesem Befund.
Wir essen zusammen, dann bringe ich Manuel in den Wald, er will dort mit Freunden einen Videofilm drehen, ich glaube es ist für die Schule.
Unser Leben kommt mir vor wie ein Tanz auf einem Vulkan. Wir wissen, dass er explodieren wird, aber man kann sich nicht hinsetzen

und darauf warten. Wieder zurück, gehen Tante Wilma, Claudia und ich in den Garten, um ein bisschen die Sonne zu genießen und zu erzählen. Onkel Hans-Karl, der Mann von Tante Wilma, ist auch erst vor knapp zwei Jahren gestorben. Wir beschließen, jetzt ins Klinikum zu fahren, denn die beiden haben dann noch einen weiten Heimweg. Kalli schläft immer noch, oder schon wieder, ich weiß es nicht. Er macht auch nur einmal kurz die Augen auf, registriert, wer da ist, aber schläft gleich wieder ein. Wir sitzen bei ihm im Zimmer, jeder hängt seinen Gedanken nach, ganz leise reden wir miteinander, ich erzähle von den letzten Wochen. Nach einer guten Stunde begleite ich unseren Besuch aus Fulda zum Auto, wir verabschieden uns, ich nenne ihnen noch die Richtung zur Autobahn, und sie fahren los. Jetzt bin ich wieder allein, Tränen laufen mir übers Gesicht, ich kann mich gar nicht fassen. Tante Wilma ist der Mensch, der meine Eltern noch kannte, der weiß, was ich schon mitgemacht habe, die Verbindung zwischen den Geschichten.

Nachdem nun klar ist, dass Kalli neue Tumore und keinen Abszess hat, verabreichen sie ihm wieder Cortison gegen den erhöhten Hirndruck, und wieder kann ich beinah zusehen, wie er wieder klarer wird. Aber ich bin erschöpft, und als ich mich auf den Heimweg mache, kommt ein langjähriger Arbeitskollege und Freund, um Kalli zu besuchen. Ich freue mich sehr für Kalli, denn dieser Kollege ist ihm sehr wichtig, und so kann ich etwas entspannter nach Hause fahren.

Ich muss noch mit den anderen Kindern reden. Jonathan ist als einziger zu Hause, er sitzt am Computer und spielt. Ich erzähle ihm von dem heutigen Tag, was ich im Klinikum erlebt habe, und was mir die Ärzte gesagt haben. Ich habe keine Kraft, es zu beschönigen, und so sitzen wir beide auf dem Fußboden in seinem Zimmer, umarmen uns und weinen. Nach einer Weile fragt er, ob der Papa schon bald sterben müsse. Da kann ich ihm nur antworten, dass das keiner wisse. Eigene Kindheitsgeschichte kommt hoch, die Erinnerung an den Tag, als mir ein Bruder meiner Mutter sagt, dass sie am Tag vorher bei einem Autounfall ums Leben gekommen sei, und dass mein Vater schwer verletzt im Krankenhaus liege. Jonathan liegt da und weint, und ich kann ihm nicht helfen. Diese Situation aushalten geht fast über meine Kräfte.

Im Laufe des Abends kommen die beiden Mädchen vom Fußballtraining, wir sitzen alle um unseren Küchentisch, und ich berichte wieder einmal, was ich heute erfahren habe. Dadurch, dass ich es schon mehrfach erzählt habe, bin ich ein bisschen gefasster und habe nun die Kraft, die heftigen Reaktionen der Kinder besser auszuhalten und kann sie sogar ein wenig trösten. Wir können es nicht ändern, wir können es nur zusammen aushalten. Johanna läuft erst einmal in ihr Zimmer, wirft sich auf ihr Bett und weint laut, so dass wir es in der Küche hören. Nicole weint herzzerreißend, sie verdanke doch ihrem Papa alles. Johanna kommt bald wieder zu uns in die Küche, die Familiengemeinschaft gibt auch ein bisschen Kraft.

Die nächsten Tage gehen irgendwie vorbei, Freunde rufen an oder besuchen Kalli in der Klinik, ich habe auch meinen Rhythmus wieder aufgenommen. Wir warten, dass die Blutwerte, die die Infektion anzeigen, sich bessern, dann kann er entlassen werden. Am Samstagvormittag kommt die Hausärztin auch zu Besuch in die Klinik. Es freut mich sehr, dass so viele Menschen Anteil nehmen, auch wenn sie direkt nicht helfen können.

Es gibt im Klinikum einen Psychologen, der für so schwierige Situationen wie die unsere zuständig ist. Ich rufe bei ihm an und kann für Montag ein Treffen mit ihm ausmachen. Am Montag hat Kalli auch wieder einen Termin in der Strahlenklinik. Es ist ein Probetermin, ob die Maske, die sie angefertigt haben für eine genaue Bestrahlung, auch richtig sitzt. Wieder heißt es Warten. Dabei habe ich doch nachher meinen Termin mit dem Psychologen. Lieber Besuch kommt und bleibt bei Kalli in der Wartezone, und so kann ich losgehen. Die Station, auf der er sein Sprechzimmer hat, kenne ich. Hier lag vor einigen Jahren unser Neffe. Er lag oft hier, da auch er eine heimtückische Krankheit hatte, an der er dann nach fast vier Jahren verstarb. Nach kurzer Wartezeit kommt er, und wir gehen in sein Zimmer. Ich fange an zu erzählen, aber ich komme nicht weit, das Weinen schüttelt mich. Dann geht es wieder weiter, bis ich so nach und nach die wichtigsten Sachen losgeworden bin. Beim Reden wird mir klar, dass die Hauptfunktion dieses Menschen darin besteht, mir zuzuhören, ohne mir seinen Kummer über Kallis Krankheit auch noch aufzuladen. Bei Freunden und Verwandten ist es manchmal so. Nach etwa einer Stunde gehe ich wieder, erst einmal ohne einen neuen Termin, da er nur eine Viertel Stelle für diese Arbeit an der Universität hat. Ich habe keine Kraft, dagegen zu revoltieren, es ist eben so.

Die Krankengymnastin kommt noch einmal und zeigt mir, wie ich zu Hause meinen Mann vorsichtig massieren kann, um ihm wieder ein besseres Körpergefühl zu vermitteln. Ich stehe daneben, schaue ihr zu, kann aber ihre Worte und Handlungen kaum aufnehmen. Kalli hatte so ein hervorragendes Körpergefühl. Als seine Schwester das Haus gebaut hat, ist er auf der Mauer entlang gelaufen und hat die Mauer unter seinen Füßen gebaut! Bei Otto auf dem Dach konnte er ohne Schwindelgefühle irgendwelche Reparaturen erledigen, und als wir unser Haus renovierten, habe ich immer wieder seine Sicherheit bewundert. Auch beim Sport oder beim Toben mit den Kindern hatte er immer alles im Blick. Es tut zu weh!

Morgen wird Kalli entlassen. Ich bin froh, dass diese Fahrerei erst einmal ein Ende hat, aber mit dem Beginn der Bestrahlungen geht es dann weiter. Drei Wochen lang jeden Tag außer am Wochenende. Aufgrund der neuen Tumore wurde das Bestrahlungsfeld geändert, und am kommenden Montag soll es losgehen. Einerseits habe ich die Hoffnung, dass vielleicht doch das Tumorwachstum gebremst werden kann, andererseits weiß ich, dass solch eine massive Bestrahlung auch Nebenwirkungen hat. Welche, das kann niemand sagen, das ist individuell sehr unterschiedlich. Oft bekommen diese Patienten Haarausfall und Hautprobleme in dem betroffenen Gebiet.

Die Infektion ist abgeheilt, und Kalli wird aus dem Klinikum entlassen. Bei der ersten Entlassung hatte ich noch ein Fünkchen Hoffnung, aber diesmal habe ich nur Angst. Als wir nach Hause kommen, sitzen wir ein Weilchen in der Küche, die Kinder kommen auch bald, und dann passiert das, was mir ganz unmissverständlich klar macht, dass mein Mann sehr krank ist. Die Toilette im Erdgeschoss ist verstopft. Und zwar so stark, dass meine Bemühungen wirklich nichts ausrichten können. Es bewegt sich nichts. Ich erwarte nicht, dass Kalli aufsteht und nachschaut, aber irgendeinen Satz, eine Reaktion. Nichts! Ich rufe einen Klempner telefonisch, und der kommt auch innerhalb einer Stunde mit einem Lehrling. Jetzt, denke ich, jetzt wird er schauen, wie die das Problem regeln. Aber nichts passiert, er steht nicht auf, er sitzt immer noch in der Küche, fragt nicht. Nichts! Und dieses Verhalten von meinem Mann, der bis auf ganz wenige Dinge im Haus alles selbst gemacht hat, und vor allem so eine Kleinigkeit wie ein verstopftes Rohr. Ich muss ruhig bleiben, die Handwerker sind da, aber, obwohl mitten im Sommer, wird mir kalt. Ich habe Angst, was kommt noch, wie geht es weiter?

Für heute Nachmittag haben sich die Kollegen von seiner Fahrgemeinschaft angesagt. Ich koche Kaffee und stelle Kekse bereit, dann ziehe ich mich zurück. Ich kann manchmal die betroffenen Mienen nicht ertragen. Und noch viel weniger das Bemühen um Zuversicht und Hoffnung. Das ist bei diesem Befund so furchtbar unehrlich.

Die Sommerferien beginnen, die Kinder bringen Zeugnisse mit. Am meisten freuen wir uns alle, dass nun sechs Wochen ohne Termine für die Kinder anstehen. Die Zeugnisse bezeugen eine Normalität, die wir im Augenblick überhaupt nicht haben. Am Nachmittag kommt die Schulleiterin hier aus dem Ort vorbei, um sich für die nächsten Wochen zu verabschieden und natürlich um Kalli zu besuchen. Sie reden über die Schule, über den Verein und dann über seine Krankheit. Einige Zeit nach seinem Tod erzählt sie mir, dass Kalli zu ihr gesagt habe, er würde mit seiner Krankheit schon fertig, nur ich nicht.

Tatkräftige Hilfe tut gut. Am nächsten Tag erfahre ich das. Freunde aus Oldenburg haben sich angesagt. Sie wollen auch ein paar Tage bleiben, aber übernachten werden sie bei anderen Freunden, um mich nicht zu sehr zu belasten. Sie kommen, ich erzähle! Wie oft habe ich diese Geschichte schon erzählt, und immer wieder weine ich dabei, aber gleichzeitig spüre ich auch, dass es befreit, wenigstens für eine Weile. Nach dem gemeinsamen Mittagessen bieten sie mir ihre Hilfe im Garten an. Die dreijährigen Erdbeerpflanzen werden herausgerissen, bei den anderen Erdbeerpflanzen müssen die Blätter abgeschnitten werden. Zu dritt kommen wir gut weiter, und ich bin froh, dass wieder etwas geschafft ist. Die Vorstellung, dass all diese Dinge in der nächsten Zeit von mir allein abhängen, ängstigt mich und nimmt mir fast den Atem. Am übernächsten Tag kommen sie noch einmal, und wir arbeiten wieder zusammen im Garten.

In den folgenden Tagen kommen wieder Besucher, Freunde aus der Umgebung, mit denen wir viele gute und schwierige Zeiten erlebt haben, auch Freunde aus dem Dorf. Diese Besuche helfen mir, den Tag zu strukturieren und gelegentlich auch Personen und Geschehnisse außerhalb unserer Familie wahrzunehmen. Gleichzeitig registriere ich überwach die hilflosen Kommentare oder das Bemühen um Normalität. Ich spüre, dass ich ungerecht werde, aber ich fühle mich auch dieser Ungerechtigkeit ausgeliefert.

Annemarie kommt. Sie selbst hat in jungen Jahren Brustkrebs überlebt, aber ihren Mann vor fünf Jahren durch Blutkrebs innerhalb von vier Monaten verloren. Sie weiß, wie es mir geht. Ich spüre ihre Betroffenheit, gleichzeitig aber auch eine gewisse Härte, als wolle sie das, was sie jetzt hier erlebt, nicht an sich heranlassen. Sie bringt Informationsmaterial über Misteltherapie mit. Wir trinken zusammen Kaffee und machen einen kleinen Spaziergang. Sie hat Kalli ein Mandala- Malbuch mitgebracht. Vielleicht hat er gelegentlich Lust zu malen. Einmal in der Zeit seiner Krankheit hat er auf meine Anregung darin gemalt. Aber so angestrengt und langsam wie ein Kind.

Annette kommt aus Germershausen. Wir hatten uns gestern verabredet, als wir uns in der Kirche trafen. Sie bringt ihr Photoalbum von der Hochzeit mit, und so haben wir, vor allem ich, eine gute Ablenkung. Vorher schauen wir uns noch den Videofilm an, den Manuel mit seinen Freunden vor gut einer Woche für die Schule gedreht hatte. Er ist lustig, und wir haben unseren Spaß. Ich freue mich, dass es für die Kinder punktuell doch noch möglich ist, so lustig und ausgelassen zu sein.

Am nächsten Morgen haben wir früh um acht Uhr den ersten Termin zur Bestrahlung. Das heißt sehr früh aufstehen, da Kalli insgesamt verlangsamt ist, und auch noch in Ruhe frühstücken soll und seine Medikamente nehmen muss. Wir liegen gut in der Zeit, nur die Medikamenteneinnahme verzögert sich, er nimmt die Flüssigkeit einfach nicht. Das Glycerol schmeckt sehr süß. Nicole, sie ist noch zu Hause, die anderen sind schon mit dem Bus unterwegs zur Schule, versucht ihm klar zu machen, dass die Einnahme eine Notwendigkeit ist, und er uns, bzw. mich verletzt mit seiner Weigerung. Ich fühle mich hilflos, gleichzeitig weiß ich, dass dieses Zeug zurzeit ziemlich wichtig ist, da es einen Teil der Cortisonmedikation ersetzt. Es sorgt für eine milde Entwässerung des Gehirns. Die Zeit drängt, im doppelten Sinn, und das macht es mir so schwer, Ruhe zu bewahren. Als wir endlich im Auto sitzen, bin ich ziemlich außer mir, ich schreie ihn an, warum er das Zeug nicht nehmen wolle, dass er mir und uns das Leben noch schwerer mache, wir kämen nun zu spät. Gleichzeitig fahre ich einen bösen Fahrstil und spüre dabei meinen Zorn, meine Wut und meine Trauer. Als wir im Klinikum ankommen, sagt Kalli zu mir, dass er mir nicht wehtun wolle. Dabei hat er Tränen in den Augen. Ich bin versöhnt, und im selben Moment schäme ich mich furchtbar über meine ausfallende Reaktion: Mein Mann kann am allerwenigsten für diese Situation und ich kann mich nicht beherrschen! Es tut mir sehr leid, dass ich so unbeherrscht reagiert habe, gleichzeitig fürchte ich mich noch mehr vor der Zukunft. Was kann noch alles passieren? In der Wartezone der Strahlenabteilung steht ein großes Aquarium, wir schauen den Fischen zu. Ich spüre ein bisschen Nähe zu meinem Mann und frage ihn, ob er Angst habe vor den Bestrahlungen. Er verneint das mit der Einschränkung, wenn er hinterher Beschwerden hätte, dass er dann vor den weiteren Bestrahlungen Angst hätte. Er wird aufgerufen, und ich sitze nun allein hier. Für mich wohnt hier unten das Grauen, manchen Patienten sieht man ihre schweren Erkrankungen an, viele sind mit Begleitpersonen da. Ich nehme mein Tagebuch und schreibe, ich will die Geschehnisse dieser Zeit festhalten, es werden die letzten Monate unseres gemeinsamen Lebens sein. Irgendwann kommt er wieder heraus, und wir können nach Hause fahren. Gewissenhaft führt er das Heftchen, in dem die Termine der Woche notiert sind, in dieser Woche jeweils nachmittags um 15.20 Uhr. Das bedeutet, dass Kalli keinen Mittagschlaf machen kann, weil ich ihn sonst nicht früh genug wieder auf die Beine kriege. Aber es sind Ferien, wir werden einfach deutlich früher Mittag essen, und dann lässt sich dieses Problem sicher lösen. Als wir am nächsten Tag nach der Bestrahlung nach Hause kommen, sind Tante Anni, Onkel Benno und Rosi da. Ich koche Kaffee, Onkel Benno zeigt mir, wie ich die Beerensträucher beschneiden muss, aber ich habe das Gefühl, da ist eine Wand: Wir auf der einen Seite, die anderen auf der anderen Seite. Das Einsamkeitsgefühl ist gigantisch.

Unsere Hausärztin ist im Urlaub, und so muss ich zur Vertretung, um die laufende Medikation für Kalli rezeptiert zu bekommen. Die Ärztin weiß um die Diagnose, die Hausärztin hat sie informiert, und sie fragt mich sehr zugewandt, wie es uns ginge. Gerade heute morgen war das Glycerol wieder zum Stein des Anstoßes geworden, und ich breche in der Praxis in Tränen aus. Sie bringt mich in ein Behandlungszimmer, dort kann ich in Ruhe fertig weinen, aber ich muss ja wieder nach Hause, das bedeutet ja nur einen Aufschub. Wieder zu Hause geht es mir besser, ich arbeite im Garten, dann setze ich mich zu Kalli in die große Schaukel und genieße, dass er noch da ist. Das Glycerol macht mich fertig, aber ich fürchte, wenn das vorbei ist, kommt halt etwas anderes. Die Kinder genießen die Ferien, so gut das geht, ich schwanke zwischen Hoffnung, Ergebenheit, Trauer und Angst vor der Zukunft: Haus, Auto, Garten, Kinder, Finanzen, Beruf, und das ganz normale Leben ohne meinen Mann.

Der für Kalli zuständige Arzt in der Strahlenabteilung hat schon wieder gewechselt, ein ständiges Hin und Her. Insgesamt sind in den zwei Monaten schon vier Ärzte für Kalli zuständig gewesen. Aber das Glycerol kann reduziert werden, ein Lichtblick. Seit zwei Monaten kennen wir nun die fürchterliche Wahrheit und haben zum Teil gelernt, damit zu leben. Die Veränderungen Kallis müssen wir akzeptieren, die Kinder tun das in unterschiedlicher Weise: Nicole versucht noch am ehesten, Kalli in ihr Denken mit ein zu beziehen. Johanna hat zurzeit die größte Distanz, sie scheint sehr verletzt. Manuel arbeitet nach wie vor viel beim Nachbarn auf dem Bauernhof und lenkt sich ab, so gut es geht. Jonathan scheint mir am unbefangensten, aber er ist auch der Jüngste und braucht seinen Papa am meisten.

Das Wochenende kommt, ich freue mich auf die zwei Tage ohne Termin, aber als es vorbei ist, merke ich, wie diese Termine unsere Tage regeln: der äußere Druck fehlt. Es ist ein Trauerspiel, wie ich mit Kalli umgehen muss, damit er seine Medikamente nimmt. Auch das Aufstehen morgens wird oft zum Problem. Er sagt ja ja, aber es tut sich nichts, er steht nicht auf. Erst wenn ich mit dem Frühstückstablett vor seinem Bett stehe, erhebt er sich. Wahrscheinlich ist ein Frühstück im Bett für ihn unvorstellbar. Zwischendurch gibt es auch liebe Momente der Wärme, des Streichelns. Und der Erkenntnis und des Aussprechens der furchtbaren Dinge, die uns belasten. Heute bringen wir vor seinem Bestrahlungstermin Jonathan nach Germershausen zur Kinderfreizeit. Der Empfang ist wunderschön: Die Betreuer sind gut verkleidet als Ritter und Burgfräuleins. Alfons ist ein Ritter und Johanna ist ein Burgfräulein. Ich wünsche ihnen eine Woche halbwegs unbefangener Freude.

Auf der Strecke nach Göttingen gibt es einige schlecht verlegte Kanaldeckel, und da ich meist ziemlich rechts fahre, „treffe" ich sie häufig. Kalli macht mich sehr ungeduldig darauf aufmerksam. Auch ein solches Verhalten ist neu, ungewohnt wie so vieles in dieser Zeit. Ich sitze am Steuer und die Tränen fließen. Noch heute, wenn ich über diese Kanaldeckel fahre, sie sind inzwischen besser eingebettet, muss ich an diese Fahrten denken.

Nach der Bestrahlung kommen wir an dem Eiswagen vorbei, der nachmittags auf dem Parkplatz steht, und wir gönnen uns ein Eis. Als ich bezahlen will, winkt der Eisverkäufer ab und schenkt uns das Eis. Vor etwa fünfundzwanzig Jahren haben wir uns im Jugendkeller von Sankt Paulus kennen gelernt. Er ist sehr erschrocken, als ich ihm erzähle, warum wir hier sind. Die Anteilnahme rührt mich an, mir steigen die Tränen in die Augen. Wir bekommen in diesem Sommer viele Portionen Eis geschenkt, ich habe keine einzige bezahlt. Ich mache die Schiebetür unseres Autos auf, und wir setzen uns in den Seiteneingang des Wagens, so sitzen wir im Schatten des Autos und können das Eis in Ruhe essen.

Elmar hat mich eingeladen, und ich fahre mit ihm eines Abends nach Göttingen, die Kinder hüten ihren Vater. Früher war es umgekehrt. Sie spielen irgendein Spiel und beziehen ihn mit ein, so gut das geht. Elmar und ich sitzen in einer Kneipe und trinken ein Glas Wein. Ich erzähle von meinem momentanen Tageslauf, schließlich auch von meinen Ängsten. Ich lasse mein Leben mit Kalli noch einmal vor meinem geistigen Auge abrollen und erzähle davon. Tränen steigen auf. Elmar versucht Perspektiven aufzuzeigen, aber die kann ich noch gar nicht sehen, und es wird lange dauern, bis ich welche erahnen kann.

Kalli scheint die Bestrahlungen einigermaßen gut zu vertragen, ihm wird nicht übel, auch die Haut zeigt keine starken Reaktionen, und ich bin froh, dass es so ist. Die Haut, die im Bestrahlungsfeld liegt, wird etwas brauner als die restliche Kopfhaut. Das führt aber nur dazu, dass viele sagen, Kalli sähe gut aus. Dieses Unverständnis der Umgebung ist für mich nur schwer auszuhalten. Ich registriere natürlich jede kleine Veränderung seines Verhaltens. Manche scheinen auch nicht so wichtig, dass ich sie nun gleich jedem erzählen möchte. Oder sie berühren eher seine Intimsphäre, und ich möchte ihn nicht bloßstellen. So hat Kalli eines Morgens, als er nach dem Zähneputzen mit einem medizinischen Mundwasser spülen wollte, die halbe Flasche in sein Glas geschüttet. Da ich bei ihm bleibe während seiner Morgentoilette, habe ich das gesehen. Ich war mir nicht sicher, wie ich darauf reagieren soll. Muss er sich nicht gemaßregelt vorkommen, wenn ich etwas sage? Gleichzeitig war ich so erschüttert über diesen Fehler in seinem Verhalten, dass ich es hätte herausschreien mögen.

Die Cortisondosis kann reduziert werden, und für das Glycerol habe ich nun eine gute Lösung gefunden: ich koche für Kalli eine Tasse Kakao und zum Süßen nehme ich das Glycerol.

Wie krank mein Mann wirklich ist, merke ich auch daran, dass ihn meine Haare stören, wenn ich mich über ihn beuge beim Küssen. Auch wenn ich ins Bett komme und kalt bin, wie das fast immer ist, stört ihn das sehr. Früher hat er mit meinen Haaren gespielt und fand sie immer wunderschön, und wenn ich kalt war, hat er mich gewärmt. Der Mann, der er war und den ich liebte, ist nicht mehr da. Elisabeth, eine Freundin, die wir in Germershausen kennen gelernt haben, macht hier in der Nähe Urlaub und möchte uns besuchen. Ich freue mich sehr, ist doch Besuch immer entlastend für mich: es kommen Menschen, die sehen, wie es uns geht! Sie bringt ihre beiden jüngeren Kinder mit. Es ist schön, kleine Kinder um mich zu haben, sie bringen mich zum Lachen und ich entspanne ein wenig.

Unser Bibelkreis trifft sich alle zwei Wochen, und meistens fahren wir auch hin, oder die anderen kommen zu uns. Diesmal sind wir bei Rainer und Afra. Ich nehme das Baby, das ein bisschen unruhig ist, auf den Arm und genieße das kleine Leben. Der kleine Junge ist fünf Wochen alt und ist die andere Seite dessen, was wir zurzeit erleben: lebendig und Hoffnung in sich tragend. Ein bisschen Hoffnung kommt bei mir hoch, als auf dem neuen Medikamentenplan steht, dass Kalli eine Tablette Cortison weniger nehmen kann. Das heißt doch, dass die Bestrahlung wirkt!

Arbeitskollegen von Kalli haben sich angesagt und kommen ihn besuchen. Ich koche Kaffee und sorge für Gebäck. Eine Weile setze ich mich dazu, dann ziehe ich mich zurück. Ich kann es nur schwer ertragen, wenn Leute so tun, als ob seine Erkrankung in ein paar Wochen erledigt wäre. Aber Kalli unterhält sich ausführlich mit ihnen über die Firma, und es scheint ihm gut zu tun. Die Kollegen sind überrascht, wie sehr er noch in der Materie drin ist.

August

Am nächsten Tag kommen gute Freunde aus alten Zeiten der Studentengemeinde, ich freue mich sehr, habe ich doch die Hoffnung, dass Kalli mit ihnen offen reden kann. Sie wollen auch bei uns übernachten, und so wird es ein langer Abend in unserer Küche, beinah wie in alten Zeiten. Aber eben nur beinah, denn meine Hoffnung, dass Kalli mit ihnen über seine Krankheit redet, und damit letztlich mich mit einbezieht, erfüllt sich nicht. Und er schiebt den ganzen Abend, d.h. über mehr als vier Stunden, sein Gläschen mit dem Glycerol vor sich her. Das fällt auch unserem Besuch auf. Am nächsten Morgen wollen wir zusammen frühstücken, aber Kalli kommt nicht aus dem Bett, obwohl ich mehrmals hoch gehe und ihn daran erinnere, er steht nicht auf. Ich nutze die Zeit, um mit den beiden offen zu reden, was am vergangenen Abend nicht möglich war. Kalli wird sterben, und ich kann mit ihm nicht darüber reden. Obwohl wir doch immer alles besprechen konnten. Er weicht aus, antwortet nicht und schaut weg.

Am Nachmittag, unser Besuch ist längst weg, gehen wir ein bisschen spazieren. Kalli ist ziemlich schlapp, deshalb gehen wir ganz langsam unsere Hausstrecke auf den Berg mit dem Windrad. Ich versuche noch einmal, mit ihm über seine Krankheit ins Gespräch zu kommen, aber er dreht sich zur Seite, findet das rot-weiße Plastikband, mit dem Nachbarn für ihre Kühe den Weg absperren und hat meine Worte scheinbar gar nicht gehört. Jetzt gebe ich es auf! Im selben Moment wird mir klar, dass ich heute mit ihm das Testament besprechen muss. Eine Freundin hatte mir schon vor ein paar Wochen einen möglichen vorformulierten Text gegeben, bei dem sich die Ehegatten gegenseitig als Erbe einsetzen. Das war früher, zu Zeiten als wir beide nicht an eine solch dramatische Möglichkeit dachten, schon immer unsere Absicht gewesen, aber wir hatten es nie wahr gemacht. Heute sollte es sein. Ich erzähle ihm davon, erinnere ihn, dass wir das schon oft vorhatten, und als wir wieder zu Hause sind, hole ich Papier und Stift und die Vorlage, und Kalli schreibt das Testament. Wort für Wort schreibt er von der Vorlage ab. Die Schrift sieht nicht mehr so flüssig aus wie früher, aber es geht noch ganz gut, und ich denke, er hat verstanden, was er da abgeschrieben hat. Als er fertig ist, setze ich noch meinen bestätigenden Satz darunter und unterschreibe auch. Ich bin froh, das jetzt geregelt zu haben, soll doch unser Haus weiterhin unser und mein Zuhause bleiben.

Tante Anni hat 75.Geburtstag, und wir sind natürlich eingeladen. Kalli ist für Tante Anni und Onkel Benno beinah das fünfte Kind, und ich und die Kinder werden großzügig in diese Familie mit eingebunden. Für unsere Kinder, die keine echten Großeltern haben, sind die beiden Großelternersatz. Die Nebenwirkungen der Bestrahlung sind noch schwach, und so machen wir uns auf den Weg. Aber es fällt mir schwer: So viele Menschen, so vital und voller Lebensfreude, ich habe Angst, dass ich das gar nicht aushalten kann. Gleichzeitig möchte ich Tante Anni nicht enttäuschen. Und die Ahnung, dass bei diesem Geburtstag Kallis Krankheit wahrscheinlich nicht erwähnt werden wird. Und so ist es dann auch. Ich komme mir vor wie bei einem Gang über das Eis, nur ich weiß, dass das Eis einbrechen wird. Man freut sich, dass wir da sind, Kallis gutes Aussehen wird gelobt, außerdem hat er guten Appetit, auch das wird registriert. Irgendwann fahren wir wieder nach Hause, und ich spüre, wie viel Kraft mich dieser Besuch gekostet hat. Dieses Leben neben unserer Realität kann ich nur schwer aushalten. Ich kriege lästerliche Gedanken, ist das das „Leben in Fülle"?

Onkel Benno hat von einer Bekannten einen kleinen Prospekt über ein neues Medikament, das eigentlich bei Rheuma eingesetzt wird, aber auch bei bestimmten Hirntumoren schon gute Wirkung gezeigt hat. Ich nehme die Unterlagen mit, lese sie mir durch und telefoniere mit der genannten Hochschule, um mit dem Arzt, der diese Studie gemacht hat, zu reden und vor allem die Apotheke, die das vertreibt, zu erfahren. In Deutschland ist es nämlich noch nicht zugelassen. In Bochum werde ich hin und her verbunden, irgendwann habe ich dann tatsächlich jemanden am Apparat, der mir die entsprechende Auskunft geben kann. In eine Studie kommt Kalli nicht, aber ich kann das Medikament in einer Apotheke in Basel bestellen. Man gibt mir noch die Dosierung durch, dann ist das Gespräch beendet. Ich telefoniere mit der Apotheke in Basel und bestelle die Tabletten. Sie sind sehr teuer, aber wenn sie helfen, wäre es wunderbar. Ein möglicher Strohhalm in dem Chaos!

Der Alltag hat uns wieder, aber diese Woche ist bestrahlungsfrei. Ich plane die Besuche von Freunden, damit nicht zu viele auf einmal kommen, um uns nicht zu belasten. Manchmal bleibe ich dabei, wenn die Besucher da sind, manchmal ziehe ich mich auch zurück. Wir genießen den Garten, grillen mit den Nachbarn. Wenn Kalli Mittagschlaf macht, schwinge ich mich auf mein Fahrrad und fahre los. Oft zum See, manchmal auch zum Kloster in der Hoffnung, dort einen der Brüder zu treffen zum Sprechen. Einmal treffe ich Pater Niels. Ich sitze eine Stunde mit ihm im Refektorium, weine und erzähle. Zum Abschied nimmt er mich in den Arm und schenkt mir eine Wallfahrtskerze. Es gibt keinen echten Trost, das weiß ich nur zu genau, aber das Mitteilen erleichtert und schafft innen drin Luft. Die Kinder sind auch wieder zu Hause, sie hatten eine schöne Zeit. Auch Manuel hatte einige gute Erlebnisse mit Freunden und Bekannten.

Kalli wird im Gespräch mit Freunden wieder aktiver, gleichzeitig aber körperlich schlapper. Ich habe mich langsam an meine zusätzliche Rolle als Krankenschwester gewöhnt. Als Freunde fragen, wie es ihm gehe, meint er, indem er auf mich zeigt, dass sie doch seine Ärztin fragen sollten. Ich bin sehr verletzt, flüchte ins Haus zu den Kindern und gönne mir einen Abend ohne ihn. Dann denke ich wieder, er kann doch gar nicht anders, er erkennt doch die Schwere der Krankheit nicht. Diese Gedanken machen mich immer so hilflos. Wenn ich dann tatsächlich mit ihm über seine Krankheit reden will, blockt er total ab und hat sofort ein anderes Thema. Seine Grundeinstellung zu vielen Dingen ist eine andere geworden, er sieht vieles nur negativ, Sarkasmus prägt seine Aussagen, manchmal nennt er Ängste im Zusammenhang mit allen anderen Themen wie Politik oder die Entwicklung der Jugend, speziell unserer Kinder, nur nicht mit seiner Gesundheit. Für die Kinder ist er manchmal fast nicht erträglich, ein bisschen kann ich ausgleichen. Wie wird es weitergehen?

Aber es gibt auch liebe und zärtliche Gesten zwischen uns, und die körperliche Liebe, die ihm stets sehr wichtig war, ist auch jetzt, einige Wochen nach seiner Operation, wieder Trost und Hoffnung für mich. Es ist anders als vor der Erkrankung, seine Hände sind weicher, die fehlende körperliche Arbeit am Haus und im Garten hat sie so werden lassen. Als ich das zum ersten Mal bemerkte, musste ich weinen. So dringt diese Krankheit nach und nach in alle unsere Lebensbereiche, und hilflos muss ich zusehen, wie mein bisher gekanntes und geliebtes Leben verschwindet.

Die dritte Bestrahlungswoche beginnt, wir haben wieder Termine. Da Kalli die beiden ersten Wochen so gut vertragen hat, haben sie die Dosis auf das höchst mögliche Maß gesteigert. Es geschieht wieder etwas, und ich fühle mich nicht so allein mit der Verantwortung. Gleichzeitig heißt es, dass die Klinik entscheiden will, wann und ob das nächste MRT gemacht werden soll. Mir wird ganz heiß. Bedeutet das, dass es sich bei Kalli gar nicht mehr lohnt?

Ich denke zum ersten Mal sehr konkret an seine Beerdigung.

Jonathan liest aufmerksam die Beilagen der Tageszeitung und entdeckt ein mögliches Weihnachtsgeschenk: eine Stereo- Anlage. Ich finde es für ein Weihnachtsgeschenk noch ein bisschen früh, gleichzeitig denke ich, wer weiß, was dann ist, und nach kurzem Bedenken fahre ich mit ihm los und lasse Kalli in Johannas Obhut. Er sitzt gerade auf der Toilette. Wir gehen durch das Kaufhaus, kaufen die Anlage und noch einige andere Dinge, denn wenn ich schon mal hier bin, soll es sich auch lohnen. Nach etwa zwei Stunden sind wir wieder zurück, und Kalli sitzt wieder auf der Toilette. Zuerst denke ich, es ist Zufall, bis ich die Reste des Frühstücksbrotes auf dem Küchentisch liegen sehe. Er sitzt immer noch. Ich will ihn endlich von der Toilette herunterholen, aber er weigert sich. Er sei noch nicht fertig. Das hat er auch zu Johanna gesagt, und sie fühlte sich nicht stark genug, ihn heraus zu holen. Ich gebe ihm noch fast eine halbe Stunde Aufschub, aber dann muss ich ihn trotzdem mit Gewalt dort weg holen. Wir gehen erst einmal ins Bad, weil er sauber gemacht werden muss. Zum Mittagessen sind wir bei Ilona zum Grillen eingeladen, das Sitzen tut ihm weh. Auch nachmittags auf der Fahrt in die Klinik zur Bestrahlung hat er noch Schmerzen am Po beim Sitzen. Der Tag geht weiter und irgendwie vorbei, aber innerlich bin ich total verunsichert und erschüttert über das, was ich erlebe. Am nächsten Tag mache ich kurzfristig einen Arzttermin bei der Hausärztin aus, um dieses Stuhlgangproblem in den Griff zu bekommen. Eine Freundin fährt uns hin, da Johanna mit unserm Auto unterwegs ist. Wir kommen bald dran. Ich erzähle, was sich gestern ereignet hat. Es tut gut, die Verantwortung abgeben zu können: sie kümmert sich. Seine Medikation wird etwas umgestellt, auch ein paar zusätzliche Medikamente kommen dazu, er bekommt Krankengymnastik verschrieben, um der allgemeinen Muskelschwäche etwas entgegen zu setzen. Wir können wieder nach Hause. Essen, Mittagschlaf. Das Aufstehen wird immer schwieriger. Ist es

Müdigkeit? Oder fehlendes Zeitgefühl? Ich weiß es nicht! Wenn ich von Stunden rede, sagt ihm das nichts. Das war wahrscheinlich auch die Ursache für diese zweistündige Toilettensitzung. Sein Zeitgefühl ist weg. Am nächsten Morgen, es ist Samstag, wieder diese schwierigen Bemühungen, ihn zum Aufstehen zu bringen. Ich will nicht brutal werden, aber ich fühle mich so schrecklich hilflos. Mitten hinein platzt die Hausärztin, sie sei gerade beim Nachbarn gewesen und wolle einmal kurz vorbei schauen. Ich bin noch ganz voll von den fruchtlosen Bemühungen und erzähle ihr das unter Tränen. Es hört beinah gar nicht mehr auf. Sie lässt mich weinen, und als ich mich langsam beruhige, nennt sie zwei Möglichkeiten, die Situation für mich etwas leichter zu machen. Die Sozialstation könne regelmäßig kommen, oder sie könne versuchen, eine Kur für ihn zu beantragen. Die Vorstellung, dass die Sozialstation käme, ist mir zu furchtbar, außerdem denke ich, dass es so schlimm noch gar nicht ist. Aber einen Kuraufenthalt für Kalli in Kassel, das kann ich mir gut vorstellen. Nach den Worten der Ärztin haben sie dort gerade für Krebspatienten gute Bedingungen, auch an die Seele werde gedacht. Das hört sich gut für mich an. Das bedeutet für Kalli nach der Bestrahlungsserie gute Betreuung, und für uns Atemholen vor dem Schrecklichen. Die Hausärztin verabschiedet sich und verspricht im Laufe des Tages anzurufen, um uns Bescheid zu geben. Nach einer guten Stunde meldet sie sich schon, sie habe ein Bett in der Habichtswald-Klinik in Kassel für kommenden Mittwoch. Diese Klinik hat einen guten Ruf, speziell für Krebskranke. Sie werden dort ganzheitlich betreut, und ich bin sehr froh, dass das klappt. Zum Planen bleibt nicht viel Zeit, Kalli braucht noch ein paar Hosen und Kleinigkeiten, irgendwie muss ich noch einen Einkauf in der Stadt einschieben. Seine Hosen passen ihm alle nicht mehr! Durch das Cortison ist er dicker geworden, und ich vermute, dass das noch weitergehen wird. Er braucht Hosen mit flexiblem Bund. Ich kaufe ihm einige Jogging- Hosen. Die geben gut nach. Kalli war früher immer ganz stolz auf seine Figur, und er hat auch sehr aufgepasst, dass sie so blieb. Auch äußerlich hat er sich verändert.
Heute Nachmittag sind wir zu einer Taufe eingeladen. Der kleine Sohn von Rainer und Afra wird getauft. Den Mittagsschlaf für Kalli lasse ich ausfallen, so kommen wir pünktlich an. Wir sitzen in der Kirche, Kalli singt gut mit. Mir bleiben die Lieder im Halse stecken. Erinnerungen kommen hoch, an die Taufen unserer Kinder. Besonders die Tauffeiern der beiden Söhne. Das waren wunderschöne Gottesdienste in der Klosterkapelle in Germershausen mit vielen Freunden und anschließender Feier zu Hause. Es tut so weh. Nach

der kirchlichen Feier sind wir auch zum Kaffee eingeladen, und wir sitzen in gemütlicher Runde, ich erzähle von Kallis Kur in Kassel. Eine Bekannte hat auch Gutes von dort gehört, meine Hoffnung steigt ein bisschen. Nach dem Kaffee verabschieden wir uns, denn jetzt muss Kalli sich doch hinlegen. Unsere Rückkehr zum Abendessen lasse ich offen. Wir bleiben dann aber doch zu Hause. Ich merke, wie mich so eine große Gesellschaft anstrengt, aber auch das Erleben der totalen Veränderung meines Mannes. Zu gesunden Zeiten hätte er agiert, die Menschen mit unterhalten, sich um das Baby gekümmert. Und jetzt! Menschen, die ihn nicht kennen, fällt es erst kaum auf, dass er krank ist, denn ein einfaches Gespräch kann er noch gut führen. Besonders über Themen, die ihm geläufig sind. Ich sitze daneben und möchte manchmal schreien: merkt ihr denn nichts?! Das macht diese Krankheit so furchtbar. Die Kinder registrieren natürlich sehr genau die Veränderungen ihres Vaters, und so kommt es, dass wir hauptsächlich uns gegenseitig unsere Erlebnisse und Wahrnehmungen erzählen, weil wir fast Angst haben, die anderen halten uns für verrückt. Manchmal versuche ich Freunden am Telefon einige Situationen zu schildern. Dazu gehe ich mit dem Hörer in ein anderes Zimmer, weil ich nicht möchte, dass Kalli meine Verzweiflung und mein Entsetzen mit bekommt. Das führt im Laufe der Zeit aber dazu, dass ich mich immer öfter beim Telefonieren zurück ziehe. So wächst der Abstand zu meinem Mann. Ich spüre das beinah körperlich und es tut mir unsagbar weh, aber ich brauche dieses Ventil. Ich muss überleben, für mich und meine Kinder.

Die letzten beiden Tage auf der Bestrahlungsstation stehen an. Hier unten ist es fürchterlich. Die Station liegt beinahe im Keller, es ist ziemlich dunkel. Von einer Seite kommt ein wenig Tageslicht, der Rest ist mit elektrischen Lampen beleuchtet. Die Wartezone vor dem Bestrahlungsraum kommt mir vor wie eine Höhle, in der das Unheil haust. Ich weiß, dass es genau anders herum ist, dass nämlich die Patienten das Unheil in sich tragen. Das Klima ist voll von Angst und Ungewissheit. Es findet kaum ein Gespräch statt. Manchmal werden die Häufigkeiten der Bestrahlungen ausgetauscht, dann versiegen die Worte wieder. Bei dem Abschlussgespräch am Dienstagmorgen nach der letzten Bestrahlung sagt der zuständige Arzt, dass Kalli mit seinen Bestrahlungen an der Höchstgrenze angekommen ist. Weitere Bestrahlungen seien nicht mehr möglich! Ein neuer Termin zur Wiedervorstellung wird festgelegt und dann können wir gehen.

Für heute Nachmittag hat sich Ulrich angesagt, als er hörte, dass Kalli zur Kur kommt. Ich spüre, dass dieser Besuch für mich wichtiger ist als für Kalli. Ulrich hat uns viele Jahre begleitet, als Freund, als Seelsorger, und jetzt will ich einfach nur, dass er sieht, wie es uns geht. Auch Kallis Schwester will heute noch kommen, sie bringt Rosi mit. Ich hoffe, dass Kalli genug Zeit bleibt, um mit Ulrich zu reden. Mein Wunsch ist, dass er mit ihm über seine Krankheit und vielleicht sogar über die Prognose redet. Wenn er ein bisschen klar ist, muss er doch merken, wie es um ihn steht! Nach meinem Gefühl muss er doch mal mit jemandem darüber reden. Als Ulrich kommt, liegt Kalli noch im Bett. Ich sage ihm. dass Ulrich unten warte, aber es dauert noch eine halbe Stunde, ehe er aufsteht und in die Küche kommt. Ich gehe in den Garten, ich möchte meinem Mann die Gelegenheit geben, unbefangen zu reden. Vielleicht klappt es. Monate nach seinem Tod erfahre ich, dass er mit Ulrich nicht über sich und seine Krankheit gesprochen hat.

Am Abend sitzen wir nach dem Essen in der Küche, die Kinder sind auch da. Es ist vor Kassel der letzte gemeinsame Abend, wir sind alle ein bisschen befangen. Früher haben wir immer gespielt abends. Wir haben kein Fernsehgerät, und so hatten wir dafür immer viel Zeit. Wir sind jetzt unsicher, was wir noch mit Kalli spielen können, ohne dass er zu sehr spürt, wie stark er doch geistig abbaut. Aber vielleicht spürt er es auch gar nicht, wir wissen es nicht. Kalli liest Zeitung und entdeckt das Kreuzworträtsel im hinteren Teil. Ich gebe ihm einen Stift und wir rätseln gemeinsam. Er schreibt die Lösungen in das Gitter. Als ich seine Buchstaben sehe, wird mir klar, wie krank sein Gehirn ist: die Buchstaben sind sehr wackelig geschrieben. Ganz anders als noch vor drei Wochen, als er das Testament geschrieben hat. Wir lösen das Rätsel gemeinsam zu Ende, dann schreibt Kalli unten drunter: Angelika, ich liebe dich!!! Ich bin tief bewegt. Den Zeitungsausschnitt hebe ich auf. Wahrscheinlich ist dies die letzte Liebeserklärung meines Mannes an mich.

Der Koffer ist gepackt, am frühen Nachmittag ist der Aufnahmetermin in Kassel in der Klinik. Es ist ein schwüler Tag, und ich bin ein bisschen aufgeregt, ob ich die Klinik pünktlich finde, denn ich kenne mich in Kassel nicht aus. Ich muss fahren, weil Kalli seit der Operation kein Fahrzeug mehr fahren darf. In Kassel verfahre ich mich einmal und merke, wie Panik und Wut in mir aufsteigen. Panik, dass wir zu spät kommen könnten. Wut auf Kalli, dass er mir so gar nicht helfen kann. Gleichzeitig schäme ich mich dieser Wut, weiß ich doch, dass er wirklich nichts an seiner Situation ändern kann. Bei einer Tankstelle frage ich nach, und dann finde ich die Klinik doch schnell. Die Parkplätze sind voll, ich fahre die Straße fast bis oben hin, deshalb haben wir einen weiten Weg bis ins Haus. Der Koffer ist schwer, ich muss ihn tragen, da Kalli sich nicht körperlich anstrengen darf. Die Reisetasche tragen wir zusammen. Endlich sind wir da. Ich melde uns an, dann warten wir in einer Halle, dass uns jemand abholt. Kurze Zeit später kommt der diensthabende Arzt und begrüßt uns. In dem Moment ist es mit meiner Fassung vorbei. Ich erzähle weinend in wenigen Worten die Krankengeschichte auf dem Weg in Kallis Zimmer. Es ist klein, hat aber zwei Betten. Das zweite ist für mich, wenn ich dort übernachten möchte. Durch diesen Kuraufenthalt wird die Bedrohung noch deutlicher. Ich packe seinen Koffer und die Reisetasche aus. Zwischendurch kommt eine Schwester und bringt noch einige Dinge, dann ist auch die Stationsärztin da. Sie nimmt die Papiere entgegen, ich zeige ihr den Medikamentenplan. Kalli bekommt einen vorläufigen Behandlungsplan, sie spricht ihn mit uns durch. Dann zeigt uns irgendjemand das Haus mit den verschiedenen Abteilungen. Als wir wieder im Zimmer ankommen, ist Abendbrotzeit. Ich bin ziemlich erleichtert, jetzt kann ich gehen. Ich verabschiede mich, erinnere ihn noch daran, dass er mich anrufen kann, dann gehe ich, ich laufe beinah, es kommt mir vor als flüchte ich. Im Auto weine ich und weine, fast bis ich zu Hause ankomme. Einerseits glaube ich nicht, dass sie ihm dort besonders viel helfen können, aber andererseits weiß ich, dass wir, die Kinder und ich, diese kurze Zeit der Erholung brauchen. Gleichzeitig habe ich das Gefühl, dass ich mich drücke vor der Verantwortung. Ich halte nicht alles aus, was mir zugedacht ist. Die Prognose dieser Erkrankung ist einfach zu schlecht, als dass man Hoffnung haben könnte. Zudem hat sich Kallis Zustand verschlechtert. Er ist langsamer geworden, sowohl körperlich als auch geistig, er interessiert sich für nichts mehr, außer für das Essen. Das mag mit dem Cortison zusammenhängen, aber es ist grotesk mit anzusehen: Solange Essen auf dem Tisch steht, isst er. Die Kinder und ich haben uns bereits abgesprochen, dass wir, sobald wir mit dem Essen fertig sind, den Tisch abräumen. Sonst hört er nicht auf zu essen. Den Elan, vom Tisch aufzustehen und sich selbst etwas aus dem Kühlschrank zu holen, hat er nicht. Es kommt mir so entwürdigend vor, aber wir haben keine Wahl.

Wir besuchen ihn regelmäßig. Ab und zu fahre ich auch alleine hin, oder ich fahre mit Nicole mit und übernachte dort, Nicole fährt dann wieder nach Hause. Wir gehen zusammen schwimmen in der großen, nahe gelegenen Therme. Sie ist durch einen unterirdischen

Gang mit der Klinik verbunden. Wir ziehen uns um in den entsprechenden Kabinen und treffen uns im Schwimmbadbereich. Aber Kalli kommt nicht. Ich stehe und warte, er kommt nicht. Die Kinder sind schon im Wasser, aber Kalli kommt nicht. Ich stehe eine Viertelstunde, mache mir ernsthaft Sorgen, bis er langsam angeschlendert kommt. Auf meine Frage, was er denn so lange gemacht habe, gibt er keine Antwort. Ich erkundige mich beim Bademeister und erfahre, dass es Behindertenkabinen gibt, da können wir uns gemeinsam umziehen. Das nutzen wir nach dem Schwimmen. Im Wasser ist es schön, die Kinder kommen immer wieder angeschwommen, wir ziehen unsere Bahnen. Das Becken hat nicht so sehr tiefes Wasser, also muss ich keine Angst haben, dass etwas passiert. Ich genieße die körperliche Nähe, ziehe ihn langsam durchs Becken, schwimme auch einige Züge, kehre aber bald wieder zu ihm zurück. Als wir fertig sind, gehen wir in sein Zimmer und halten Picknick mit den Sachen, die ich zu Hause für uns eingepackt habe: Kuchen, Obst und Getränke. Die Kinder erzählen von ihren Ferienunternehmungen. Aber er macht es uns schwer, er sieht überall das Haar in der Suppe. Als ich ihn bitte, er möge doch mal etwas Nettes sagen, meint er: Es ist schön, dass du neben mir sitzt. Dieser Satz hat mich schon sehr gefreut, zeigt er doch, dass er noch einiges wahrnimmt, was um ihn herum vorgeht. Gleichzeitig erschüttert mich die Emotionslosigkeit, mit der er ihn sagt. Zur Abendbrotzeit machen wir uns auf den Heimweg.

Auch in Kassel besuchen ihn Freunde und Arbeitskollegen. Einer ruft vorher bei mir an, was er ihm denn mitbringen könne. Er freut sich über meine Idee und bringt das Geschenk mit: Ein aus Sperrholzteilen ausgestanzter Oldtimer, der nur heraus gebrochen und zusammengeleimt werden muss. Als ich Kalli ein paar Tage später ermuntere, doch ein wenig zu bauen, bricht er drei Teile heraus, aber er weiß nichts mit diesen Teilen anzufangen, oder er will nichts damit anfangen. So liegen diese Teile noch heute in meinem Schrank.

Zu Hause bekomme ich zwischendurch auch Post von lieben Freunden, die mir versichern, dass sie viel an mich und uns denken, dass sie uns alles Gute wünschen und dass sie meine Mutlosigkeit auch verstehen können. Dass sie selbst sich auch sehr hilflos fühlen angesichts der Prognose und des Tempos der Krankheit.

Die Stationsärztin bittet mich zu einem Gespräch. Ich ahne, was sie mir sagen wird. Schweren Herzens mache ich mich auf den Weg. Kalli braucht mehr Betreuung, als dort üblich ist. Sein fehlendes Zeitgefühl bringt vieles durcheinander, so nimmt er seine Termine für die Anwendungen nicht wahr. Sie haben das Problem jetzt erkannt und extra für ihn einen Zivildienstleistenden eingestellt, der ihn zu den Anwendungen bringen soll. Das Essen bekommt er im Zimmer serviert, weil er zu falschen Zeiten im Speisesaal auftaucht. Er lebt in seiner eigenen Welt mit eigener Zeit. Die Koordination mit der Umwelt ist schwierig. Sich ganz darauf einlassen wäre vielleicht das einfachste, aber wie soll das gehen?

Beim nächsten Mal fahre ich mit Nicole im Auto nach Kassel. Sie erzählt Kalli von ihrer Arbeitstelle und ihrer neuen Wohnung, wir spielen ein Kartenspiel. Nicole fährt gegen Abend zurück, und ich übernachte bei ihm. Es ist schön, ihn zu spüren, wieder neben ihm zu liegen, wer weiß, wie lange noch. Gleichzeitig tut es unsagbar weh, der alte Kalli ist nicht mehr da. Er, der die Zweisamkeit sehr geliebt hat, nimmt nicht wahr, welche Chancen jetzt gegeben sind. Ich muss ihn bitten, mich zu umarmen, damit ich ihn überhaupt spüren kann. Von sich aus macht er das nicht mehr. Immer mehr werde ich zu einer betreuenden Person, unsere Beziehung hat sich total verändert.

Am nächsten Morgen machen wir einen Spaziergang im Park. Kalli möchte sich bei jeder Bank hinsetzen, aber mit lieben Worten schaffe ich es doch, dass wir den ganzen Teich umrunden. Als wir zurückkommen geht er auf die Toilette und kommt ganz lange nicht wieder. Nach einer halben Stunde muss ich ihn mit Gewalt von der Toilette holen. Ich bin ganz fertig. Einmal über die Auswirkungen dieser Krankheit, zum anderen über mich. Es erschreckt mich noch immer über alle Maßen, wenn er so ungewohnt reagiert, und ich spüre, dass ich ihm seine Krankheit vorwerfe. Zwar nicht mit Worten, aber in meiner Haltung: weil du so krank bist, geht es mir und uns so schlecht. Ich weine und weine. Eine Schwester kommt, sie will etwas holen oder bringen, sie sieht mich, fragt, und ich erzähle, was eben vorgefallen ist. Sie bleibt eine Viertelstunde da, hält es mit mir aus. Gegen Mittag gehe ich zum Bahnhof, um nach Hause zu fahren. Es kommt mir vor wie eine Flucht. Unterwegs treffe ich Freunde, die auf dem Weg sind zu ihm. Ich freue mich, dass wir uns noch sehen. Gleichzeitig erleichtert es mein schlechtes Gewissen, Kalli muss jetzt doch nicht allein sein. Er kommt allerdings auch nicht auf die Idee, mal zu Hause anzurufen. In den ganzen drei Wochen ruft er kein ein einziges Mal an. Ich probiere es oft, manchmal ist er nicht da, aber ich vermute, dass er auch nicht immer dran geht. Er müsste ja aufstehen, um den Apparat zu erreichen, der auf einer Wandkonsole steht.

Am folgenden Morgen bei meiner Gymnastik denke ich das erste Mal über die Todesanzeige nach. Ich möchte, dass sie ausdrückt, was wir erleben, nicht irgendeinen Allgemeinplatz. Manchmal schaue ich mir beinah fassungslos zu, dass ich das so einfach planen kann, obwohl Kalli doch noch lebt, aber die Rückschritte sind so überdeutlich, dass wirklich keine Hoffnung auf Überleben Platz hat. Bei diesem ersten Entwurf ist es dann auch geblieben. Es war nichts mehr zu ändern.

September

Auch hier in der Klinik gibt es einen Psychotherapeuten, der für Patienten und Angehörige zuständig ist. In einem winzigen Zimmerchen sitze ich ihm gegenüber, erzähle unsere Geschichte und weine. Er kann mir nicht wirklich helfen, aber einfach zuhören mit viel Zeit, das reicht mir auch schon. Den Rest des Nachmittags verbringe ich mit Kalli, wir gehen wieder schwimmen. Als ich den Schrank öffne, um seine Badesachen zu suchen, finde ich nasse Hosen und Unterwäsche. Beinah berufsmäßig registriere ich, dass er jetzt auch inkontinent ist, zumindest zeitweise. Nach dem Schwimmen spreche ich mit der Stationsschwester, sie bestätigt meinen Verdacht. Selbst wenn ich bis jetzt noch eine leise, ganz kleine Hoffnung hatte, ist die nun endgültig dahin. Mit großem Schmerz fahre ich nach Hause.

Ich nutze diese Tage ohne Kalli, um Arzttermine für mich zu regeln, denn wer weiß, wie viel Zeit ich haben werde, wenn er wieder da ist. Zwischendurch mache ich auch kleine Reparaturen im und am Haus. Einmal um diese Dinge zu regeln, aber auch, um mich auf die Zeit nach Kallis Tod vorzubereiten, denn dann werde ich auch erst einmal selbst dafür zuständig sein. Die Kinder sehen es ähnlich. Immer wieder sitzen wir zusammen, erzählen uns gegenseitig unsere Beobachtungen und Befürchtungen. Am Wochenende fahren wir wieder zusammen nach Kassel. Die Stationsärztin möchte mich noch einmal sprechen und berichtet, dass sie eventuell einen Platz in der Klinik in Seesen für Kalli habe. Diese Klinik sei besser auf Hirnpatienten eingestellt als sie in Kassel. Endgültiges könne sie mir erst in der kommenden Woche mitteilen, wenn Kalli in Kassel entlassen werde. Nachdem das Gespräch beendet ist, gehen wir wieder zusammen in die Therme. Der Weg durch den langen unterirdischen Gang, auf dem wir bisher immer alleine waren, hat etwas unglaublich Symbolisches: Ich fühle mich sehr allein mit meinem Kummer, beinah von der Außenwelt abgeschnitten. Das Problem mit der Umkleidekabine haben wir ja schon gelöst, und so verleben wir zwei schöne, entspannte Stunden im Wasser. Das Zusammensein ist ungezwungener, als wenn wir in seinem Zimmer säßen. Anschließend fahren die Kinder nach Hause, ich übernachte bei meinem Mann. Von dem langen Aufenthalt im Wasser sind wir so müde, dass wir beide bald ins Bett gehen und beim Schmusen einschlafen. Am nächsten Morgen nach dem Frühstück gehen wir wieder in dem Park in Wilhelmshöhe spazieren. Heute ist es deutlich kühler als am vergangenen Samstag, wir spüren, dass der Herbst gekommen ist. Zum Hinsetzen ist es zu kalt. Als ich noch einmal auf den Ernst seiner Erkrankung hinweise und ihm sage, dass wir fürchten, dass er bald sterben muss, dreht er sich zu den Enten um, die auf dem Teich schwimmen und meint, wie geschickt sie doch ihr Futter suchen. Damit ist mir endgültig klar, dass ich mit ihm nicht darüber reden kann, oder besser, dass er mit mir nicht über seine Krankheit und die Prognose reden will oder reden kann. Gegen Mittag gehe ich wieder zum Bahnhof und fahre mit dem Zug zurück. Noch drei Tage, dann hole ich ihn wieder nach Hause.

Ein Brief von meiner Cousine aus Altena kommt. Sie hat in ihrer Tageszeitung einen Artikel über Immuntherapie bei Krebs gefunden und ihn gleich fotokopiert und mir geschickt. Allerdings sind diese Therapieansätze noch im Tierversuchsstadium und somit für Kallis Behandlung irrelevant. Aber es freut mich, dass sie an uns denkt. Wir telefonieren lange miteinander. Als Kind und Jugendliche war ich öfter mit meiner Großmutter in ihrem Elternhaus, das damals ihre Schwester bewohnte. Dort habe ich mich immer wohl gefühlt, und Tante Mia und Onkel Toni mit ihrer Tochter Magret waren immer sehr freundlich zu uns.

Am Sonntag fahre ich meine übliche Fahrradstrecke. Ich muss mich zum Ausgleich für die seelischen Strapazen gelegentlich auch körperlich verausgaben. Es ist kühl, und ich bin ziemlich allein unterwegs. Mein Kopf ist einerseits leer, andererseits überschlagen sich die Gedanken, wie es wohl weitergehen wird. Unterwegs treffe ich die ehemalige Leiterin des Pflegeheimes, in dem mein Schwiegervater sein letztes Jahr verbracht hat. Das ist im Nachbardorf. Es ist schon viele Jahre her, aber immer mal wieder sind wir uns über den Weg gelaufen. Ich steige ab von meinem Fahrrad und erzähle ihr, was uns Furchtbares getroffen hat. Sie ist sehr berührt und bietet mir sofort an, uns zu besuchen, wenn mein Mann wieder zu Hause sei. Auch könne sie mich beraten hinsichtlich der Hilfsmittel, die wir bald brauchen werden. Sie drückt mir freundlich die Hand, und ich fahre weiter. Ihr Interesse und ihre Zuwendung haben meine Schleusen geöffnet, ich sitze auf den Rad und die Tränen laufen mir über das Gesicht, es weint. Ich fahre, fahre und weine und weine. Wie wird mein Leben ohne Kalli weitergehen? Die Kinder werden ohne ihren Vater weiterleben müssen. Dieser Gedanke weckt so schwere Erinnerungen an meine Kindheit, dass ich es kaum aushalten kann, Am kommenden Donnerstag ist die Kontrolluntersuchung im Kernspintomographen, aber so wie ich Kalli in den letzten Wochen erlebt habe, habe ich keine Hoffnung, dass der Tumor kleiner geworden ist. Sein fehlendes Zeitgefühl, die absolute Antriebslosigkeit, die schleichende Veränderung in den Beziehungen innerhalb der Familie, das ist alles so deutlich anders geworden im Laufe der letzten Wochen. Dazu die Inkontinenz.

Das Telefonat mit der Stationsärztin ergibt keine neue Information, die Krankenkasse fühlt sich nicht mehr zuständig, die BfA noch nicht. Vielleicht wissen wir morgen mehr. Morgen sind es genau drei Wochen her, dass ich ihn nach Kassel gebracht habe. Wir haben uns ein bisschen erholt und ein Stück mehr mit dem abgefunden, was auf uns zukommen wird. Ich habe viel mit den Kindern geredet und habe ihnen auch nichts verheimlicht. Das hätte ich gar nicht gekonnt. Außerdem registrieren die Kinder auch selbst die starken Veränderungen ihres Vaters. Er, der sonst mit viel Interesse und sehr aktiv an ihrem Leben in Schule und Freizeit Anteil genommen hat, spricht sie kaum noch an.

Als ich in Kassel ankomme, packe ich seinen Koffer, einige Unterlagen für die Hausärztin nehmen wir mit, und erst einmal gibt es keine Zusage für eine Aufnahme in der Klinik in Seesen. Die dortigen Ärzte wollen das Untersuchungsergebnis vom Kernspintomogramm abwarten. Danach sollen wir uns melden. Ich bedanke mich bei den Schwestern der Station für die Fürsorge, die der ganzen Familie zugute kam. Sie packen uns noch einige Windeln zusammen, da er die jetzt nachts braucht und winken zum Abschied. Wieder ist ein Abschnitt vorbei, was kommt jetzt? Ich spüre, dass ich froh bin, dass er nach Hause kommt. Drohend steht der Untersuchungstermin vor mir, aber ich ahne das Ergebnis.

Die Untersuchung ist am Donnerstagnachmittag. Die Praxis ist in der Nähe des Klinikums. Wir müssen lange warten, zwischendurch muss er auf die Toilette, da gehe ich aber mit, sonst kommt er nicht wieder heraus. Als die Untersuchung vorbei ist, ruft mich der Arzt in die Umkleidekabine. Er ist ganz erschüttert über das Untersuchungsergebnis: der Kopf ist voller Tumore! Er will noch einige

Daten zur Krankengeschichte wissen. Und Kalli hat sich nass gemacht. Ich helfe ihm beim Anziehen, und dann fahren wir heim. Morgen ist der Bericht fertig.

Am nächsten Morgen ist der Termin bei dem Chirurgen, den Bericht und die Bilder holen wir vorher ab. Ich lese mir den Bericht durch, da steht in wissenschaftlichen Worten die Erklärung für das, was ich während der letzten Wochen erlebt habe. Die Tumore sind weiter gewachsen trotz Bestrahlung. Kalli hat nun drei etwa tomatengroße Tumore im Kopf und drei kirschgroße. Wir sitzen dem Arzt gegenüber. Ich berichte von den letzten Wochen, vom Kuraufenthalt in Kassel. Dann bitte ich ihn, doch über Befund und Prognose deutlich zu reden, damit auch mein Mann den Ernst der Lage verstehe. Meine Hoffnung ist, dass er, wenn er den Arzt über die Krankheit reden hört, vielleicht reagiert. Nach ein paar belanglosen Worten bittet er Kalli, vor der Türe zu warten, er müsse mit mir allein sprechen. Jetzt wird er richtiggehend wütend, dass ich meinem Mann das zugemutet hätte: Ihn während der letzten Wochen, die er noch habe, aus dem Haus zu schicken. Ich kann das nicht so anhören, und sage ihm, dass ich und die Kinder auch die Erholung gebraucht hätten. Das lässt er aber nicht gelten. Auf meine Frage, wie viel Zeit meinem Mann noch bliebe, meint er, er rechne dieses Jahr noch mit seinem Tod.

Das erste, was mir durch den Kopf schießt, ist, dass die Kinder und ich noch in diesem Jahr Geburtstag haben, Weihnachten ist auch noch in diesem Jahr. Wird es vorher oder nachher sein? Aber ich weiß jetzt, dass ich ihn nicht mehr in irgendeine Klinik bringen werde. Denn helfen kann ihm doch keiner mehr. Jetzt geht es nur noch darum, das Ganze für ihn -und für uns -in Würde zu Ende zu bringen. Ihm sein Leben und Sterben so zu gestalten, dass es ihm gut geht, und für uns diesen Weg so gehen, dass wir Mensch bleiben. Nicht zuletzt habe ich dabei auch die Kinder im Blick, wie viel kann ich ihnen zumuten? Und ermöglicht der Verlauf der Erkrankung, dass Kalli wirklich zu Hause bleiben kann? Diese Überlegungen schiebe ich auf, ich habe gelernt: Diese Überlegungen sind dann dran, wenn es sich ereignet. Der Chirurg schreibt einen kurzen Arztbrief für die Hausärztin und listet die möglichen Medikamente und die Dosierungen auf. Ich nehme die Bilder wieder an mich, sie sollen in die Röntgenpraxis zurück gebracht werden. Da werden sie nicht landen, die brauche ich zu Hause, um das Ganze vielleicht irgendwann einmal zu verstehen.

63

Dann sind wir entlassen. Ich werde innerlich ganz ruhig. Vorher gab es immer wieder kleine Hoffnungsfetzen, die sich aber doch wieder auflösten. Nun ist es klar. Auch wurde ich bestätigt in dem, was ich in den letzten Wochen bei ihm beobachtet habe. Meine Beobachtungen und mein Gefühl hatten mich darauf vorbereitet.

In der Zwischenzeit sind die Tabletten aus der Schweiz gekommen, ich habe sie mit nach Kassel genommen, dass er sie dort auch schon einnehmen kann. Ich wünsche ihm und uns sehr, dass sie helfen. Sie sind aber so groß, er kann sie nur schlecht schlucken. Er legt sie vor sich hin, schiebt sie von rechts nach links, sortiert die anderen dazwischen, legt sie in neuer Reihenfolge vor sich hin. Dann beginnt das Ganze wieder von vorn. Wenn ich da zuschaue, kann ich es fast nicht aushalten. Irgendwann kriege ich die zündende Idee: ich brauche einen Mörser. Die Tabletten werden zermahlen, und mit ein bisschen Joghurt vermischt, ist das Ganze, auf zwei Teelöffel verteilt, gut einzunehmen. Das neue Medikament heißt Weihrauch, weil es aus einer Weihrauchpflanze hergestellt wird, und es riecht auch so. Der Duft dieser Pflanze begleitet und erinnert mich über Jahre an dieses Medikament. Ein Freund im Dorf ist Chemielehrer, er kann mir bestimmt einen Mörser besorgen. Und so geschieht es auch. Ich bin froh, dass wieder ein Problem gelöst ist.

Die ersten Tage zu Hause sind anstrengend. Ich muss mich erst wieder daran gewöhnen, ihn zu allem anzuregen, wobei das meistens nicht reicht. Sein Antrieb ist völlig dahin, das heißt, wenn wir spazieren gehen wollen, ziehe ich ihm die Schuhe an, hole die Jacke, hebe ihn an aus seinem Stuhl, bis er steht, hake ihn unter, und dann gehen wir. Wenn wir dann unterwegs sind, geht er ganz gut mit. Nicht schnell, wir schaffen nur kurze Strecken, aber das ist auch nicht so wichtig, Hauptsache ist, dass wir rauskommen und dass er in Bewegung bleibt, solange das möglich ist.

Das Treppesteigen fällt ihm immer schwerer, auf jeden Fall braucht er ein Geländer, um sich dran hochzuziehen. An der Kellertreppe gibt es kein Geländer, aber ich sehe, dass es nötig ist, wenn wir in den Garten wollen. Johanna und ich messen die Länge aus, ich besorge das Holz und die Befestigungselemente. Ich weiß allerdings nicht so ganz genau, wie wir die Befestigungselemente in der Verkleidung oberhalb des Sandsteins verankern können. Und ich bringe die Geländerstange erst einmal in die Werkstatt. Wie schnell wir sie dann doch nicht brauchen, ahnen wir zu dem Zeitpunkt nicht.

Am Sonntag ist Familienwallfahrt in Germershausen. Dort waren wir fast jedes Jahr mit unseren Kindern, um gemeinsam mit anderen Familien einen Tag zu verleben, der uns zeigt, wie Glauben auch

gelebt werden kann. Die Gemeinschaft, die Gespräche und zum Abschluss der gemeinsame Gottesdienst waren immer ein gutes Erlebnis. Manchmal war Kalli mit den Kindern alleine dort, wenn ich in Sachen Weiterbildung unterwegs war. Dieses Jahr gibt es ein großes Geländespiel zum Thema „Unendliche Geschichte" von Michael Ende. Johanna und Manuel sind Akteure, und ich möchte wenigstens hinfahren und ein bisschen fotografieren. Nach dem Frühstück starten wir, das sind also Kalli, Jonathan und ich. Das Einsteigen in unser Auto gestaltet sich immer schwieriger für Kalli, die Stufe in den Bus ist so hoch. Endlich können wir los fahren. Ich freue mich, wahrscheinlich werden wir dort einige Bekannte treffen. Und ich bin neugierig auf die verschiedenen Stationen des Spiels. Außerdem fotografiere ich gern. Als wir ankommen, braucht Kalli lange Zeit, um aus dem Auto aus zu steigen. Bei diesen Gelegenheiten weiß ich immer nicht, ob er nicht will oder nicht kann. Ich drehe ihn dann auf dem Sitz um 90° in Richtung Ausstieg und hebe ihn leicht an, meistens klappt es dann, dass er aussteigt. Die verschiedenen Familiengruppen sind schon unterwegs, die Aufgaben zu lösen, und wir gehen über das ganze Gelände, um die verschiedenen Stationen zu finden. Es ist schönes Wetter und unsere Expedition entspricht eigentlich unserem regelmäßigen Spaziergang. Die Stationen sind fantasievoll hergerichtet, und es macht Spaß, sie zu identifizieren. Überall mache ich Fotos, meine Kinder finde ich auch, Johanna ist Xaide, Manuel ist ein Wächter. Die uralte Morla liegt beim Sportplatz. Dort mache ich auch ein Foto von Kalli. Er wirkt einerseits sehr zufrieden und ruhig, andererseits aber auch so entrückt, dass es schmerzt: er ist nicht mehr auf dieser Welt. Bei der Quellnymphe gibt es etwas zu essen, da wird er wieder wacher und lässt es sich schmecken. Nachdem wir alle Stationen abgegangen sind und ich sie fotografisch festgehalten habe, gehen wir zurück zum Auto. Ich merke, dass er erschöpft ist und nach Hause muss.
Ich bin auch erschöpft und merke, dass ich Hilfe brauche: eine Freundin nennt mir eine Psychotherapeutin, die sie kennt. Ich rufe dort an und kann schon ein paar Tage später hinkommen. Die ersten Minuten kann ich noch sprechen, dann bricht der ganze Kummer aus mir heraus und ich kann nur noch weinen. Nach einer langen Zeit erzähle ich weiter, und ich spüre die Erleichterung und die Hoffnung, hier ein bisschen abladen zu können. Ein neuer Termin wird ausgemacht. Zwei Wochen später bin ich wieder dort, aber leider zahlt die Kasse diese Stunden nicht, da die Therapeutin keine Kassenzulassung hat, und ich muss mir jemand anderes suchen. Der

Neurologe und Psychiater, der eigentlich nur die Begutachtung machen soll, bietet sich an, und ich nehme dieses Angebot dankbar an. Das bedeutet allerdings, dass wir als ganze Familie auch mindestens einmal bei ihm aufkreuzen sollen. Diese Praxis arbeitet systemisch, das heißt, dass auch die anderen Familienmitglieder in den Therapieprozess eingegliedert sind. Wir haben den Termin in 4 Wochen. Das kommt mir so unglaublich lang vor, jenseits aller Vorstellungskraft. Wie wird sich die Krankheit von Kalli bis dahin entwickeln? Kann er dann überhaupt noch mitkommen?

Eine Freundin von Nicole entdeckt in einer Frauenzeitschrift einen Artikel über den Tumor, den Kalli hat und die erfolgreiche Behandlung eines Patienten mit einem neuen Medikament. Es ist dasselbe, das ich schon besorgt habe. Nicki bringt den Artikel mit, und wir beschließen, über die Freundin ein Fax an die Redaktion der Zeitschrift zu schicken, um Kontakt mit diesem Mann aufnehmen zu können. Vielleicht kann er uns noch irgendetwas erzählen. In der Hauptsache aber kann er uns vielleicht ein bisschen Hoffnung vermitteln, wenn es ihm so gut geht. Nach ein paar Tagen kann ich mit ihm telefonieren, und er hat wohl tatsächlich eines der seltenen Wunder der Medizin erlebt: In Folge der Medikamente ist sein Tumor immer kleiner geworden und ihm geht es jetzt gut. Es gibt nur noch ein paar kleine Narben im Gehirn. Das tut so gut zu hören und macht auch Hoffnung, jedenfalls ein bisschen. Er weiß eine Apotheke in Frankfurt, die das Medikament auch vertreibt, dort ist es auch nicht ganz so teuer. Ich bedanke mich, er wünscht uns alles Gute, dann bin ich wieder allein. Am folgenden Tag rufe ich in Frankfurt an und bestelle die Tabletten dort. Als sie dann kommen, sehe ich, dass es Kapseln sind. Die sind leichter zu öffnen und mit den anderen zu vermischen. Aber sie riechen sehr ähnlich.

Manuel fährt mit der Klasse in die Niederlande auf das Ijsselmeer. Dort segeln sie eine Woche. Ich freue mich für ihn. Hoffentlich kann er die Zeit mit den Freunden genießen. Kalli fällt überhaupt nicht auf, dass Manuel nicht da ist. Das ist zwar nicht neu in der Zeit der Krankheit, aber trotzdem immer erschütternd.

Immer wieder kommen Besucher, um ein paar Stunden mit uns zu verleben. Ich erlebe es meistens als große Hilfe vor allem in der psychischen Bewältigung dieser Aufgabe. Es gibt so wenig zu erreichen, nur auszuhalten. Sie sehen, wie es uns geht! Natürlich werden wir auch eingeladen, und so sind wir eines Tages unterwegs zu Freunden zum Forellenessen. Ulrich und Alfons aus dem Kloster sind auch eingeladen und sind schon da, als wir kommen. Das Essen ist lecker, Kalli isst auch gut, wie immer in dieser Zeit seiner Krankheit. Ich habe eher das Problem, dass ich denke, es wird zuviel. Wir unterhalten uns, über die Bildungsstätte, über das Kloster und natürlich über Israel. Dann will ich nach Hause. Aber Kalli steht nicht auf. Er bleibt einfach sitzen. Ich kenne das ja schon und möchte nicht so restriktiv auftreten, aber es bleibt mir nichts anderes übrig: Kalli steht nicht auf. Ich setze mich auch noch für eine halbe Stunde, aber ich weiß, dass das nur eine Aufschiebung bedeutet. Der nächste Versuch ist ähnlich fruchtlos, aber ich hole seine Jacke und hebe ihn aus seinem Stuhl. Dann ist es klar, wir verabschieden uns und gehen. Für länger hätte meine Kraft nicht mehr gereicht. Dieses Erleben meines Mannes, der sonst manchmal die Gespräche sehr mitbestimmt hat, sich voll eingebracht hat, und nun hauptsächlich daneben sitzt und beinah nichts mehr sagt, dieses Erleben kostet mich soviel Kraft. Zu Hause muss er noch aus dem Auto steigen, im Haus folgen dann die Vorbereitungen für die Nacht, und es dauert alles sehr lange. Monate nach seinem Tod, als ich mit Ulrich über diesen Abend gesprochen habe, hat er mir erzählt, dass sie, als wir weggegangen waren, alle sehr erschüttert waren über Kallis Zustand. Es hätte mir an diesem Abend gut getan, wenn ich davon etwas gemerkt hätte. Die meisten Menschen tun nämlich so, als wäre nichts. Und das macht mich furchtbar wütend.

Immer wieder sagen sich Freunde an, meine Schwester aus Fulda kommt mit ihrer Tochter. An dem Nachmittag kommt auch ein alter Freund von Kalli, der ihn noch kennt aus seiner Kindheit. Er war ein väterlicher Freund für Kalli. Sie haben viel gemeinsam gebaut. Er ist ganz erschrocken, es tut ihm sehr leid. Und immer wieder bin ich froh, wenn sich jemand ansagt, denn die Tage sind lang, und in den Nächten bin ich sowieso allein.

Meistens wache ich in der Nacht einmal auf und gehe auf die Toilette, dann wecke ich Kalli und bringe ihn auch dorthin, denn die Windeln reichen oft nicht, und morgens ist das Bett immer nass. Ich habe jetzt einen Matratzenbezug bekommen, der undurchlässig ist, aber für die Matratze unseres französischen Bettes ist er zu klein. Also ziehe ich den Bezug unserer Matratze ab und schneide mit einem scharfen Messer die Matratze, sie ist aus Schaumgummi, durch, in passender Breite. Diese Tat hat etwas Symbolisches. Wir liegen zwar noch in einem Bett, aber nicht mehr in demselben.

Kalli ist sehr schlapp, Eigeninitiative existiert überhaupt nicht mehr, noch nicht einmal, um mich im Bett zu umarmen. Diese kleinen leisen Rückschritte im Alltag sind es, die das Leben so furchtbar schwer machen. Dann gibt es Menschen, Freunde und Bekannte, die meinen, ohne Hoffnung könne ich doch nicht leben. Als ich dann frage, was ich denn hoffen solle, kriege ich keine Antwort. Es hätte mir so gut getan, wenn ich Bestätigung über das Furchtbare bekommen hätte, das über uns hereingebrochen ist. Ich fühle mich so sehr allein mit meinen Ängsten.

Da Kalli so todkrank ist, spüre ich die Verantwortung für meine Kinder viel stärker, und deshalb melde ich mich zu einer gründlichen körperlichen Untersuchung in unserer Hausarztpraxis an. Kallis Schwester ist solange bei ihm, und ich kann in Ruhe fahren. Ich fühle mich gesund, aber das ist kein Kriterium. Kallis Hirntumor zeigt das nur zu deutlich. Die Fürsorge und Betreuung in der Praxis tun mir gut. Es ist auch alles in Ordnung.

Immer wieder kommen Besucher, manchmal auch mit Angeboten der Alternativmedizin. So kommt eine Bekannte und erzählt ihm von der Orgontherapie und der Kraft der Steine. Sie lässt auch einige Gerätschaften hier, ich schaue mir das an, und wünsche mir verzweifelt, dass es helfen möge. Wenn Kalli dann mal eine Nacht trocken geblieben ist, dann keimt ein Fünkchen Hoffnung, aber am nächsten Tag ist das wieder dahin. Einmal ruft diese Bekannte auch an, sie habe über eine Freundin einen Heiler auf Zypern ausgemacht Den müsse ich anrufen, er könne eine Fernheilung versuchen. Das ist mir dann doch zu obskur. Ich telefoniere nicht mit Zypern. Wir gehen weiter spazieren, es ist Herbst, und wir suchen Kastanien, aber es gibt noch keine. Kalli entdeckt Knallerbsen und pflückt welche, die ich dann auf dem Rückweg zertreten kann. Als wir zurückkommen ist er so erschöpft, dass er im Badezimmer auf der Bank im Sitzen einschläft, als ich nur eben hinausgegangen bin, um seine Jacke aufzuhängen.

Heute Morgen denke ich laut in Nicoles Gegenwart über die Auswahl des Beerdigungsinstitutes nach: es gibt eines im Nachbarort, das fast alle Beerdigungen in unserem Dorf erledigt. Oder das Institut, das wir für die Beerdigung von Kallis Vater vor vielen Jahren genommen hatten. Nicki ist ganz erschrocken und meint, dass ihr Papa noch herumlaufe. Wie könne ich so etwas sagen! Ich sehe ein, dass sie Recht hat, weiß aber gleichzeitig, dass ich auch Recht habe. Es ist so schwierig.

Wir sind bei Bekannten eingeladen. Ich verspreche mir viel von diesem Besuch! Der Mann hat eine Werkstatt, in der er beinah alle Holzarbeiten erledigen kann. Vor Jahren haben Kalli und er für den Weihnachtsbasar der Schule die Yakkolo- Spiele gebaut, die ein großer Erfolg waren. Und ich erhoffe mir, dass Kalli animiert wird, vielleicht auch ein bisschen wieder zu basteln und zu werkeln, oder doch wenigstens mit dem Mann ein Gespräch darüber zu führen, wenn er dort ist. Aber er ist einfach zu krank. Er sitzt mit uns am Tisch, nimmt aber kaum Anteil am Gespräch. Kurz bevor wir fahren wollen, muss er auf die Toilette und bleibt dort fast eine Stunde. Ich muss ihn mit Gewalt wieder runter holen. Aber vorher, als wir durch das Dorf fahren und ich nicht so genau weiß, wie ich das Haus finden soll, lotst er mich hin. Ich hätte die Straße nie gefunden. Es sind so ganz unterschiedliche Ausfälle in seinem Gehirn.

Der Mittagschlaf muss jetzt wieder im Haus stattfinden, weil es doch kühler wird. Aber bis Ende September war es in diesem Jahr so warm und schön, dass Kalli seinen Mittagschlaf fast immer im Garten auf der großen Schaukel machen konnte. Ich habe in der Zeit viel Gartenarbeit erledigt. Manchmal haben die Kinder geholfen.

Das Treppensteigen fällt ihm schwer und gelegentlich habe ich den Eindruck, dass ihm schwindelig ist. Zurzeit schreitet die Krankheit sehr langsam fort, dass man fast den Eindruck bekommt, ein Stillstand sei erreicht, aber durch diese kleinen Warnzeichen bleibe ich aufmerksam.

Oktober

Mein Geburtstagsmonat hat angefangen, ich mag gar nicht daran denken. Wie wird es sein? Erst einmal wie in den letzten Wochen! Immer wieder sagen sich Freunde und Besucher an. Am Feiertag, den 3. Oktober, kommen seine Schwester und ihr Mann. Wir trinken Kaffee zusammen und fahren dann mit dem Auto nach Seeburg zum Flohmarkt. Ich spüre, wie ich mich ein wenig entspannen kann, wenn andere auch mal nach ihm schauen. Es ist so anstrengend, ihn immer im Auge zu behalten und gleichzeitig den Anschein zu wahren, dass alles in Ordnung sei. Nichts ist in Ordnung! Aber ich kann auch nicht zu Hause sitzen und warten. Auch diese Zeit muss gelebt werden, von mir, von den Kindern und von Kalli. Am Abend sind wir bei Freunden eingeladen, die einen Gebetskreis in Göttingen leiten. Wir kennen sie noch aus den Zeiten der Jugendarbeit in St. Paulus, und ich traf den Mann kürzlich in Germershausen. Ich bin dankbar für jede Abwechslung und so machen wir uns auf den Weg. Der Tisch ist gedeckt. Wir essen. Die Fürsorge tut mir gut. Nach dem Essen erzählen sie von ihrem Gebetskreis, und ich habe Sehnsucht nach solchen Gebeten und möchte mich fallen lassen. Erst ist es mir beinah ein bisschen peinlich, aber sie erzählen noch Genaueres darüber. Dann stehen sie auf, legen Kalli die Hände auf die Schultern und sprechen ein langes spontanes Gebet, das nach einiger Zeit in für mich unverständliches Gemurmel übergeht. Danach bin ich dran, und als sie mir die Hände auf die Schultern legen, um erneut mit dem Beten zu beginnen, laufen mir die Tränen übers Gesicht, ich kann mich gar nicht fassen, und ich weine und weine. Die Zukunft steht wie ein Schreckgespenst vor mir, eigentlich eher wie ein finsteres Loch, und ich weiß nicht, wie es sein wird. Aber der Gedanke, da betet jemand für uns, für mich, der ist ganz tröstlich. Wenig später fahren wir wieder nach Hause.

Am folgenden Abend sind wir bei Alexa zum Raclette eingeladen. Ich erlebe es immer wieder mit Erschrecken, dass Kalli so ohne Kontrolle große Mengen essen kann und will. Das ist so unvereinbar mit seinem früheren Lebensstil, wo er großen Wert darauf gelegt hat, nicht zu viel zu essen. Aber ich habe das mit Alexa vorher abgeklärt, so dass viel Gemüse auf dem Tisch steht, das er essen kann. Wir sitzen und erzählen, erinnern uns auch an Georgs Tod, der vor fast genau 4 Jahren war. Georg legte sich auf das Sofa im Eingangsbereich, ihm war nicht gut, und starb.

Kallis Schwester Bärbel lädt uns zum Mittagessen ein. Unsere Nichte von der anderen Schwester ist auch dort, und so sehen wir sie nach langer Zeit auch einmal wieder. Vor allem sieht sie uns auch mal wieder. Ich spüre ihr Erschrecken über Kallis Zustand, aber ich kann ihr dabei nicht helfen. Es ist nun einmal so, wir leben damit schon seit 4 Monaten. Nach der Beerdigung schrieb sie mir einen lieben Brief, in dem sie sich entschuldigt, dass sie uns nach diesem Treffen nicht mehr besuchen konnte. Sie sei diesen schlimmen Bildern ausgewichen. Manchmal möchte ich das auch gerne, aber es geht nicht. Die Wirklichkeit fordert uns jeden Tag neu.

Eine Freundin in der Heide hat Geburtstag. Ich rufe an und gratuliere ihr. Wir sprechen noch ein bisschen, nach einer Weile reiche ich Kalli den Hörer. Er gratuliert auch und auf Nachfrage Kirstins, wie es ihm denn gehe, antwortet er, dass er noch einige Tage zu Hause sei, dann aber bald wieder zu Arbeit könne. Das einzige Problem sei, dass er ja nicht Autofahren dürfe, aber das könne man ja anders regeln. Ich bin völlig perplex über diese nicht vorhandene Krankheitseinsicht. Oder ist es Wunschdenken? Was geht vor in seinem Kopf? Registriert er überhaupt, dass er schon seit über vier Monaten nicht mehr zur Arbeit gefahren ist? Ich weiß es nicht!

Nach dem Abendbrot spielen wir mal wieder. Manuel holt das große Brettspiel, das Kalli vor Jahren nach einem Modell selbst gebaut hat:

Yakkolo. Wir nennen es nur ‚das coole Spiel'. Wochenlang haben wir das Spiel in der Küche auf dem Küchentisch gespielt. Jonathan war am Anfang noch zu klein, er hat sich dann immer auf einen Stuhl gekniet, um die richtige Höhe zu haben. Mit viel Kraft haben wir dann die Scheiben in die dafür vorgesehenen Öffnungen geschoben oder besser geschossen. Manchmal landeten sie auch am Fenster, dass ich schon Angst um die Scheibe hatte. Bei diesem Spiel muss man nicht soviel denken, und wir hoffen, dass Kalli mitspielen kann. Wir sind nur zu dritt, Kalli, Manuel und ich. Wir spielen drei Runden, und am Ende hat Manuel haushoch gewonnen. Ich bin auch nicht schlecht, aber Kalli fehlt die Kraft. Die Scheiben kommen gar nicht richtig vor der Barriere an. Er hat nur halb so viele Punkte wie Manuel. Manuel und ich, wir beide sehen das und sind tief betroffen. Wieder ein Rückschritt! Früher endete dieses Spiel fast immer in einem Kopf an Kopf Rennen zwischen Manuel und seinem Vater. Und jetzt dieser deutliche Abstand! Manuel möchte, dass wir unsere Ergebnisse unterschreiben. Ich glaube er will es jetzt genau wissen. Er unterschreibt zuerst, dann ich, und zuletzt Kalli. Die Schrift ist fast nicht zu erkennen. Auch das passt zu dem vorherigen. Die Krankheit nimmt ihm die körperlichen und geistigen Fähigkeiten.

Wenn die Kinder Zeugnisse bekommen, gehen wir bald darauf meistens in einem griechischen Restaurant Essen. In diesem Sommer war so vieles so anders, und wir wollen das jetzt nachholen. Kalli soll dabei sein. Seit vielen Jahren gehen wir fast immer zu „unserem" Griechen nach Duderstadt. Dort schmeckt es uns, und die Bedienung ist sehr freundlich. Wir kommen dort an, und ich stelle mir vor, dass wir, von außen betrachtet, so wirken wie immer: wir sind eine große Familie, es ist oft auch laut und lustig, wenn wir auf das Essen warten, und so ist es auch heute. Ich finde es entspannend und den Kindern tut es gut. Das Essen schmeckt, und als die Teller leer sind, ist es zu Ende. Wir trinken noch einen Kaffee, die Kinder essen jeder ein Eis zum Nachtisch. In meinem Kopf wirbeln die Gedanken: Kalli ist heute wahrscheinlich zum letzten Mal hier! Ahnt er das selbst auch? Oh, ich wüsste so gern, was in seinem Kopf vorgeht! Ich habe den Eindruck, dass ich überwach bin, ich will nichts aus dieser Zeit vergessen, denn es sind die letzten Monate mit meinem Mann. Und ich zumindest weiß das. Die Kinder wohl auch, auch wenn dieses Wissen natürlich nicht immer ganz präsent ist. Wir zahlen, und dann ist dieser Abend zu Ende.

Morgen Abend beginnt mein Wochenendseminar zum Autogenen Training. Vorher wollen wir Äpfel aus dem Garten von Eltern einer Freundin Johannas holen. Es muss gut geplant werden, aber es klappt auch. Kalli sitzt bei der Mutter der Freundin in der Küche, und die Kinder und ich sammeln die Äpfel, damit wir auch in diesem Jahr Apfelsaft machen können. Diese festen Aufgaben sind einerseits Belastung, halten uns aber andererseits irgendwie im Leben. Monate später, als ich mit der Mutter über diesen Nachmittag spreche, erzählt sie mir, dass Kalli, als er über die Kinder sprach, wie erwachsen sie schon seien, Tränen in den Augen hatte.

Bei der Stadthalle treffen wir uns mit Kallis Schwester, da ich in Göttingen bleibe, um zu meinem Seminar zu kommen. Sie fährt dann mit nach Ebergötzen, damit die Kinder nicht allein für ihn zuständig sind.

Ich fahre zu meinem Seminar, und ich bin zwar anwesend, aber ich kann meine Gedanken nicht abschalten. Ich melde mich nicht zu irgendwelchen Aktivitäten, ich brauche meine ganze Kraft, um nicht pausenlos zu weinen. Die Ruhe und der Abstand lassen mich erst mal wieder erkennen, was bei uns zu Hause eigentlich los ist. Mein Leben wird sich total ändern, ich kann es nicht aufhalten oder beeinflussen. Der Mensch, der Mann, den ich liebte, ist schon lange nicht mehr. Wir warten auf sein Sterben. Zurzeit wirkt es aber eher so, dass ein Stillstand eingetreten ist. Kann ich dieses Seminar irgendwann gebrauchen? Außer zum eigenen Nutzen? Mein Ziel, Psychotherapeutin zu werden, sehe ich entschwinden. Irgendwann merke ich, dass die Ablenkung doch gut tut. Ein wenig getröstet fahre ich wieder nach Hause.

Vor einigen Wochen habe ich eine Pflegestufe beantragt, um finanzielle Hilfe bei der Pflege von Kalli zu bekommen. Einige Briefe und Telefonate gehen hin und her, irgendwann steht der Termin fest, und eine Ärztin vom medizinischen Dienst kommt, um Kalli zu begutachten. Sie sagt sich für den Vormittag an, und ich versuche, Kalli zum Aufstehen zu bewegen, aber er tut es nicht. Nach einer halben Stunde gehe ich noch einmal hoch, aber er ist wieder eingeschlafen, und so lasse ich ihn schlafen. Die Ärztin kommt, wir gehen erst einmal in die Küche, sie möchte einiges wissen. Ich beantworte ihre Fragen nach Krankengeschichte und Medikamenten und allgemeinem Tagesablauf. Dann geht sie nach oben, sie will sich mit Kalli unterhalten und möchte ihn wohl auch untersuchen. Kalli ist an diesem Morgen sehr schläfrig und unkoordiniert, er gibt kaum eine Antwort, so dass die Ärztin recht bald wieder runter kommt und, nachdem sie noch einige Fragen an mich gestellt hat, sich verabschiedet. Irgendwann würde ich Nachricht bekommen. Es regnet schon den ganzen Tag, Kalli ist fast nicht aus dem Bett zu kriegen. Für heute Nachmittag haben sich Freunde aus der Studienzeit angemeldet. Ich freue mich sehr, sie wohnen bei Aachen und wir sehen uns selten. Die Treffen mit Freunden sind so unterschiedlich, diesmal ist aber deutlich, dass sie nicht ausweichen. Ausweichen vor dem Unausweichlichen, dem Tod. Hannah und Godi gehen gut damit um, und ich fühle mich und uns gesehen in unserer Not. Wenn solche Freunde dann fahren, geht es mir ganz schlecht, denn ich muss dann wieder allein weiter aushalten. Ich spüre, dass es für viele Freunde von weiter weg immer auch ein Abschiedsbesuch ist. Aber das finde ich dann nur ehrlich und besser, als wenn so getan wird, als hätten wir noch jede Menge Zeit. Denn dass wir die nicht mehr haben, wird mit jedem Tag deutlicher.

Ich will zum Friseur! Da ich aber Kalli nicht allein zu Hause lassen will, frage ich eine gute Bekannte aus dem Dorf. Sie kommt und geht mit Kalli spazieren, während ich beim Friseur sitze und mir eine neue Dauerwelle machen lasse. Zwischendurch denke ich, dass ich mit der Dauerwelle auch hätte warten können! Warten auf den Tod! Aber unser Leben geht doch weiter, und ich möchte trotz Krankheit von Kalli und drohendem Tod mich einigermaßen wohl fühlen, auch mit meiner Frisur. Außerdem habe ich nächste Woche Geburtstag. Manchmal fürchte ich verrückt zu werden. Die Gedanken überschlagen sich und die Gefühle auch. Wie wird es weitergehen?! Heute Mittag habe ich Pizza vorbereitet, weil alle Kinder zum Mittagessen da sein werden, und Pizza essen wir gern. Mit Ilona habe ich ausgemacht, dass sie anschließend einige Familienfotos machen wird. Natürlich mit dem Gedanken, dass es vielleicht die letzten sein werden, wir wissen ja nicht, wie es weitergeht. Ich habe einen neuen Film im Apparat und werde auch noch fotografieren. Ich muss das festhalten. Diese Zeit jetzt ist so intensiv, dass ich hinterher sicher erst so manches klären und verstehen kann, und dafür brauche ich dann die Fotos. Ich weiß, dass ich jahrelang Fotos meiner Eltern genauestens angeschaut habe und auf kleinste Anzeichen untersucht habe, um ihre Gedanken, Gefühle und Situationen zu rekonstruieren.

Am Wochenende beginnen die Herbstferien, Jonathan kann mit einem Freund und seinen Eltern eine Woche mitfahren. Ich freue mich für ihn und wünsche ihm einige Tage einigermaßen unbeschwerte Zeit. Am Tag vor unserem Geburtstag kommen sie wieder, weil wir an diesem Nachmittag den Termin bei dem Psychiater haben. In der Ferienwoche genieße ich, dass ich ein wenig ausschlafen kann, allerdings mache ich regelmäßig morgens meine Gymnastik, wie jeden Morgen seit 4 Jahren. Das gibt mir ganz viel Stabilität und Ausdauer, und einmal am Tag ein bisschen einen körperlichen Ausgleich für die Anspannung unter der ich stehe.

Am Freitag kommt Jonathan zurück, und nach dem Mittagessen fahren wir nach Göttingen zum Psychiater. Nicole kommt direkt von der Arbeit dorthin. Wir brauchen nicht zu warten und werden gleich in einen Raum geführt. Der Arzt kommt auch sofort. Zu Beginn erklärt er, dass er bei diesen Familiensitzungen immer das Aufnahmegerät der Videokamera laufen lässt, und wenn einer von den Kindern die Kamera bedienen möchte, sei ihm das nur Recht. Die Jungs finden das gut und fangen gleich damit an. Zuerst sind wir alle ein bisschen befangen, aber im Laufe des Gesprächs wird unser Gefühl normaler und wir greifen die Fragen auf, die er uns stellt. Mein Wunsch, dass ein Gespräch mit Kalli über seine Erkrankung und die tödliche Bedrohung stattfindet, erfüllt sich nicht. Auf die Frage des Arztes an ihn, warum wir denn hier seien, schiebt er meine Weiterbildung in Sachen Psychotherapie in den Vordergrund. Da bin ich so erschüttert, dass mir die Worte fehlen. Aber ich bin froh, dass wir hier sind, weiß ich doch, dass die Kinder, falls sie meinen, dass sie auch Hilfe brauchen, den Arzt kennen gelernt haben. Wir fahren wieder nach Hause, und ich habe erneut feststellen müssen, dass Kalli seine Bedrohung nicht wahrnimmt. Ob er es nicht kann oder nicht will, wissen wir nicht. Aber genau das hatte mir schon ziemlich am Anfang der Erkrankung der Chirurg gesagt, dass diese Patienten in den meisten Fällen so mit ihrer Krankheit umgehen. Er nannte das ein gnädiges Schicksal. Aus der Sicht des Patienten gesehen hat er sicher Recht, aber für die Angehörigen ist es eine unglaubliche Belastung.

Morgen ist Geburtstag, und zu Hause angekommen bereite ich noch ein paar Kuchen vor, denn es kommen sicher einige Gäste. Manuel hat ja auch Geburtstag! Mir wird das Herz schwer, wenn ich denke, dass der Junge mit 16 Jahren seinen Vater verlieren wird. Das ist zu früh! Aber solche Gedanken verbiete ich mir meistens, es tut zu weh. Am Abend richte ich seinen Geburtstagskranz, wie jedes Jahr! Diese festen Sitten und kleinen Riten halten mich im Leben: ich weiß, was ich machen muss! Die nächste Stunde ist gerettet. Das funktioniert auch noch nach Kallis Tod. Ich hangele mich über den Abgrund, und der ist tief.

Der Geburtstag verläuft beinah wie die anderen zuvor auch. Es gibt Post von lieben Freunden, mehr als sonst. Kallis Krankheit erschüttert viele. Die Gäste kommen, gut über den Tag verteilt, wir sitzen in der Küche zum Kaffee. Manuel und ich freuen uns über die Gratulationen und Geschenke. Nur mein Mann gratuliert mir und Manuel nicht. Da wird uns wieder einmal überdeutlich, wie weit er schon innerlich weg ist. Nicole hatte ihm das Geschenk für mich gegeben, aber es liegt da herum. Natürlich verstehe ich das. Ich weiß, dass er krank ist, trotzdem schmerzt es sehr, zu sehen, dass auch dies ein Rückschritt ist. Einer von den vielen der letzten Zeit. Er freut sich über die Gäste, sitzt am Tisch und isst. Heute mag ich nicht aufpassen. Er redet nur noch wenig, er antwortet auf Fragen, aber von sich aus beginnt er kein Gespräch. Die Kinder gehen auf den Berg und lassen Drachen steigen. Das geht wunderbar dort oben, und ich freue mich, dass sie für sich etwas Schönes gefunden haben. Als sie zurückkommen, haben sie einen verloren. Er ist einem der Kinder aus der Hand gerutscht.

Am nächsten Tag kommen noch Freunde aus dem Dorf mit ihren Kindern und eine Freundin aus Hannover besucht uns. Sie ist sehr betroffen, als sie sieht, wie sehr er sich verändert hat. Sie ist noch eine Freundin aus der Zeit der Jugendarbeit in St. Paulus, und sie kennt Kalli eigentlich nur als hoch aktiven, sehr gesprächigen und immer verantwortungsbereiten Menschen. Er ist ein ganz anderer geworden. Als er Mittagschlaf macht, gehe ich mit ihr spazieren. Immer wieder muss ich das Unfassbare erzählen und bereden und beweinen, um über die nächsten Stunden oder manchmal auch Tage zu kommen. Und nur wer ein bisschen länger bleibt, realisiert die massive Veränderung Kallis wirklich ganz. Unterwegs finden wir den Drachen, den die Kinder verloren hatten. Ich würde das so gerne als gutes Omen deuten. Wie in der Kindheit.

Freunde aus Würzburg, die am folgenden Tag kommen, erkennen auch die starken Veränderungen, die unser Familienleben erschüttern. Ich habe einen Arzttermin beim Orthopäden, mein linkes Knie schmerzt sehr, und es ist in den letzten Tagen schlimmer geworden. Und da ich weiter fit sein muss in unserer Familiensituation, mache ich mich auf den Weg und lasse Kalli in der Obhut der Freunde. Der Orthopäde ist ein ehemaliger Kollege aus dem Krankenhaus, und ich kann ihm erzählen, was uns getroffen hat. Für mein Knie hat er leider keine Lösung. Er meint, ich würde halt älter. Ich fahre nach Hause. Der Abend mit den Freunden ist schön und entspannend. Sie bleiben bis zum nächsten Tag und reisen dann weiter. Diese Besuche tun unendlich gut, sie geben mir immer das Gefühl, dass ich nicht alleine bin und dass gesehen wird, wie furchtbar das alles ist. Dieses Leben ohne Hoffnung, die Realität des sich ständig verschlechternden Zustandes vor Augen mit dem Wissen um das baldige Ende, das geht oft über meine Kraft, und doch weiß ich, dass ich es aushalten muss und auch aushalten werde. Es ist wie ein Tanz auf einem Vulkan. Diese Ungewissheit, wie es weitergehen wird.

In der Nacht zum Mittwoch werde ich durch ein heftiges Rütteln unseres Bettes und gleichzeitigem Stöhnen geweckt. Schlagartig ist mir klar, dass Kalli nun seinen ersten epileptischen Anfall hat. Dass sich das irgendwann ereignen wird, war mir von Anfang an klar, trotzdem bin ich im ersten Moment sehr erschrocken. Ich springe aus dem Bett, mache Licht an und bin in dem Moment ganz Arzt: Seitenlagerung, den Kopf etwas überstrecken, ihm gut zureden, obwohl ich weiß, dass er das wahrscheinlich nicht hört und dann ein bisschen warten. So ein Anfall dauert in aller Regel nicht sehr lange, und so ist es auch. Nach ein bis zwei Minuten ist er vorbei. Kalli liegt wieder entspannt im Bett, allerdings nicht ansprechbar, aber auch das ist normal. Ich rufe in der Praxis an, und der diensthabende Arzt ist eine Viertelstunde später da. Es ist halb fünf am frühen Morgen. Er untersucht Kalli, gibt ihm eine Spritze, und meint, dass er ins Krankenhaus müsse. Auf meine Frage, was dort getan würde, sagt er, dass er dort beobachtet würde. Darauf sage ich, dass sie dort an der eigentlichen Ursache auch nichts ändern können und dass ich nicht möchte, dass er in die Klinik käme. Er ist sehr verwundert und meint, das könne ich nicht allein entscheiden, ob denn noch Verwandte da seien. Ja, meine ich, die Kinder seien im Haus. Er möchte, dass ich den Sachverhalt mit den Kindern kläre, ob mein Mann denn nun tatsächlich Zuhause bleiben solle. Ich sage ihm zu, das im Laufe des Tages zu klären, er aber will, dass das sofort geschehe. Er bleibt bei Kalli im Schlafzimmer am Bett, und ich gehe durch das Haus von einem Bett zum anderen, wecke die Kinder und erzähle ihnen kurz den Sachverhalt. Fünf Minuten später sind wir alle im Schlafzimmer versammelt und erklären einstimmig, dass Kalli, also ihr Vater, nicht in die Klinik solle. Wir wüssten alle, dass eine Therapie seiner Grundkrankheit nicht möglich sei und dass wir ihm unnötigen Aufenthalt in der Klinik ersparen wollen. Nun ist der Arzt zufrieden. Er stellt noch mehrere Rezepte für Medikamente aus, die für den Fall eines erneuten Anfalles nötig werden und ein Rezept für ein Krankenpflegebett. Denn das ist jetzt klar, in unserem französischen Bett mit der geringen Höhe ist Krankenpflege unmöglich.

Als Kalli im Sommer das zweite Mal in die Klinik musste, hatte ich schon über ein Pflegebett nachgedacht. Es war mir klar, dass das irgendwann wahrscheinlich nötig würde. Ich sah nur ein großes Problem darin, wo dieses Bett aufzustellen sei. Unser gemeinsames Schlafzimmer ist viel zu klein für ein solches Bett. Ein schönes Zimmer wäre das über unserem Wohnzimmer, dort scheint die Sonne hinein, dort gibt es Wasser, und das wäre auch groß genug. Das hätte aber bedeutet, dass Manuel, der dieses Zimmer bewohnt, ausziehen müsste. Vielleicht ins Gästezimmer Und da klar ist, dass Kalli dort auch sterben wird, würde Manuel hinterher auch dort wieder in sein Zimmer einziehen. Diese Vorstellung fand ich zu furchtbar. Das wollte ich auch dem Jungen nicht zumuten. Immer wieder dachte ich über dieses Problem nach und kam zu keiner Lösung. Einmal sprach ich dann mit einer Bekannten darüber, sie arbeitet im Elternhaus für das krebskranke Kind in Göttingen. Sie kennt solche Situationen aus ihrer Arbeit mit den betroffenen Familien. Sie meinte dann, dass doch im Wohnzimmer gut Platz sei, da wäre er auch bei uns, und wir brauchten auch nicht immer die Treppe zu gehen. Das Familienleben könne er auch mitbekommen. Diese Idee fand ich gut. Sie bedeutete auch keine großen Umräumarbeiten, außer dass zwei der Sessel ausquartiert werden müssten.

Und nun ist es also soweit. Das Sanitätshaus ruft an, ob jemand zu Hause sei, damit sie das Bett bringen können. Ich habe das Wohnzimmer schon entsprechend vorbereitet, und am frühen Nachmittag kommen zwei Mitarbeiter des Sanitätshauses und bauen das Bett auf. Nachdem ich sie ins Haus gelassen und ihnen den Platz im Wohnzimmer gezeigt habe, sitze ich mit Kalli in der Küche und höre den Aktivitäten im Wohnzimmer zu. Tränen laufen mir durch das Gesicht, schon wieder ein Schritt, der unmissverständlich klarmacht, dass Kallis Krankheit zum Tode führt. Diese ständigen Rückschritte erschlagen mich fast.

Es klingelt an der Haustür: Ilona kommt. Sie hat den Wagen auf dem Hof gesehen und kommt, weil sie sich denken kann, wie mir zumute ist. Sie nimmt mich in den Arm, dort kann ich weinen. Außerdem hat sie für alle Eis mitgebracht.

Wenn Kalli hier unten im Wohnzimmer schläft, kann ich nicht oben im Schlafzimmer schlafen: ein zweites Bett muss her, denn ich kann Kalli nicht alleine in der Nacht lassen. Er kann jederzeit wieder einen Anfall bekommen. Ilona bietet ihr Gästebett an. Das ist ein Klappbett, das ich morgens zusammenklappen kann, damit es tagsüber nicht so viel Platz wegnimmt. Das ist eine gute Lösung, Manuel

77

geht mit und holt es. Am Abend, nachdem wir uns im Badezimmer fertig gemacht haben für die Nacht, gehen wir statt links die Treppe hinauf ins Obergeschoß nach rechts in unser Wohnzimmer. Ich erwarte eine Frage oder eine Bemerkung, aber es kommt nichts. Oh, ich wüsste gerne, was in seinem Kopf vor sich geht: registriert er überhaupt diese Veränderung? Dieser Tag hat meine ganze Kraft gefordert, ich helfe ihm nun noch in sein Bett, gebe ihm einen Gute -Nacht - Kuss und lege mich dann in mein Bett. Heute gehe ich noch nicht einmal mehr in die Zimmer der Kinder, um noch kurz mit ihnen zu reden, ich bin einfach erschöpft und unfassbar traurig. Seit wir in dieses Haus eingezogen sind, haben wir immer oben in dem kleinen Zimmer geschlafen. Am Anfang auf dem Fußboden, weil wir das Bett noch nicht aufgebaut hatten. Aber das sind fast genau zwanzig Jahre her. Die Wohnzimmeruhr tickt laut, trotzdem will ich sie nicht anhalten. Ihr Ticken begleitet uns seit unserer Hochzeit. Es sind die tausend Kleinigkeiten, die sich ändern und die große Veränderung so deutlich machen. Ich muss mich an das andere Licht und das andere Bett gewöhnen, wie geht es weiter?!
In den nächsten Tagen hole ich noch ein kleines Regal, um einige Sachen hier im Wohnzimmer unterzubringen, die wir brauchen. Eine Garnitur Wäsche, ein paar Windeln und die Einlagen für das Bett. Die großen, vom Meer rund geschliffenen Steine aus Dänemark, die auf der Fensterbank liegen, habe ich weggeräumt, denn abends soll auch das Rollo heruntergelassen werden. Wir richten uns ein, vielmehr ich richte uns ein, ich fühle mich wie auf einer Insel, vielleicht eher wie auf einer Burg im Belagerungszustand. Nur dass bei uns der Feind nicht von außen kommt, sondern von innen.
Mit der Hausärztin bespreche ich die Möglichkeit eines Patiententestamentes. Das Erlebnis in der Nacht des Anfalls hat mir gezeigt, wie schnell es passieren kann, dass Kalli doch im Krankenhaus landet, ohne dass ihm dort geholfen werden kann. Nach ein paar Tagen bringt sie einen vorformulierten Text mit. Ich mache einige Kopien davon und bespreche dann mit Kalli in ganz einfachen Worten, um was es geht bei diesem Papier. Ihm ist wichtig, dass er nicht ins Krankenhaus muss. Das sieht er sofort ein und unterschreibt die Willenserklärung. Ich habe drei Exemplare vorbereitet, die er dann unterschreibt. Eins nehme ich in mein Portemonnaie, das zweite Exemplar ist im Wohnzimmer in einem Aktenordner, den ich den Kindern zeige, und das dritte bringe ich zur Nachbarin, damit dann, wenn ich nicht zu Hause sein sollte, trotzdem klar ist, was Kalli nicht will und wir auch nicht. Wieder ein Schritt! Manchmal erschrecke ich über meine fast geschäftsmäßige Klarheit, aber ich spüre

gleichzeitig, wie viel Kraft das kostet. Außer dieses Leben auszuhalten schaffe ich beinah nichts mehr. Immer wieder kommen Freunde und Verwandte. Sie entdecken das Bett im Wohnzimmer, und ich erzähle dann, wie es dazu kam. Der Schreck ist ihnen oft im Gesicht anzusehen. Da spüre ich dann gelegentlich Genugtuung, denn manche Besucher wollten bisher die tödliche Wahrheit nicht wahrhaben. Aber das Bett ist doch ein sehr deutlich objektiver Hinweis, dass es Kalli wirklich schlechter geht.

Ich weiß nicht, wie ich aussehe, aber wir leben damit nun schon seit fünf Monaten und wissen, dass trotz aller guten Wünsche und Gebete und Literatur und Vorschlägen zum gesunden Essen und Trinken, der Tod in Kallis Kopf sitzt. Die Dosis des Cortisons musste gesteigert werden, man sieht es ihm an: der Körper wird immer dicker, dafür werden die Arme und die Beine immer dünner und kraftloser. Auch der Kopf, besser das Gesicht, ist dicker geworden. Kalli sieht krank aus. Die Spaziergänge werden kürzer, bergauf zum Windrad können wir nicht mehr gehen, das ist viel zu anstrengend.

November

Wir sind zum Mittagessen am Sonntag im Dorf bei Freunden eingeladen. Darüber freue ich mich sehr. Einerseits sind die alltäglichen Pflichten sehr hilfreich, halten sie mich doch am und im Leben. Andererseits ist das Leben mit Kalli und der unbekannten Zukunft so Kräfte zehrend, dass ich für jede Hilfe sehr dankbar bin. Ich hatte gebeten, dass wir früh essen, denn am Nachmittag bekomme ich Besuch, mit dem ich gut reden kann, und dann möchte ich wieder zu Hause sein. Das klappt alles gut. Das Essen schmeckt, und die Gesellschaft ist entspannend. Jedenfalls für mich. Wie Kalli solche Besuche empfindet weiß ich nicht, auf diesbezügliche Fragen bekomme ich meistens keine Antwort oder irgendeinen nichts sagenden Satz. Wir kommen pünktlich zurück, ich helfe Kalli bei den Vorbereitungen zu seinem Mittagschlaf, und dann mache ich mit meinem Besuch einen langen Spaziergang. Immer wieder rede ich von meinen Ängsten, die die Zukunft betreffen und von dem, was schon hinter uns liegt. Ich muss es immer wieder erzählen, und immer wieder dabei weinen. Zu Hause nehme ich mir dafür so wenig Platz. Da muss ich vor allem funktionieren. Gleichzeitig möchte ich, dass die Kinder eine Mutter erleben, die einigermaßen stark ist und ihnen weiterhin ein Zuhause schaffen oder erhalten kann. Vielleicht nehme ich mir da zuviel vor. Auch das muss ich im Gespräch immer mal wieder abklären.

Kalli liegt auf seinem Bett und schaut aus dem Fenster. Ich komme dazu und frage, was er denn sähe. Wie die Blätter vom Baum fallen, antwortet er. Als ich Monate später diesen Satz in einem Gespräch mit Alfons erwähne, meint er, dass Kalli in dem Moment verklausuliert von seinem Tod gesprochen habe.

Von einer Freundin ist ein Onkel gestorben. Sie ist Testamentvollstreckerin und hat angeboten, dass ich mit ihr zusammen in seinem Haus schauen kann, ob ich etwas gebrauchen könne. Kalli liegt im Wohnzimmer auf dem Sofa, er macht seinen Mittagsschlaf. Ich warte auf Nicole, dann fahren wir. Erst zu meiner Freundin, dann zu dem Haus ihres Onkels. Es ist unbewohnt. Seit etwa einem Jahr. Das merkt man, es ist kalt und unfreundlich. Aber wir gehen durch das Haus. Vom Sehen kannte ich diesen Onkel auch. Wir sammeln Kleinigkeiten, die uns freuen. Es dauert länger als gedacht: Ich mache mir langsam Sorgen, dass zu Hause noch alles gut läuft. Ich merke, dass ich die Kinder ungern mit Kalli alleinlasse, seit er den Anfall hatte. So ein Anfall wirkt absolut bedrohlich und ängstigt sehr Das möchte ich den Kindern möglichst ersparen. Sie müssen schon genug aushalten und mitansehen. Nach zwei Stunden haben wir einiges im Auto verstaut. Wir bedanken uns und machen uns auf den Heimweg. Johanna ist froh, dass wir wieder da sind. Gemeinsam räumen wir das Auto aus und freuen uns über die Dinge, die wir dort für uns gefunden haben: ein paar Bücher über die Jagd, einige CDs, einen schönen Kerzenständer, Bettwäsche und eine Mikrowelle für unsere Küche. Wenn das alles hier vorbei ist, und Nicole dann in ihre eigene Wohnung ziehen wird, dann haben wir auch eine.

Am nächsten Vormittag fahren wir nach Germershausen, ich möchte mal wieder dort spazieren gehen. Den Pappelweg kann man gut entlang gehen, dort gibt es keine Steigung, und wenn es genug ist, drehen wir einfach wieder um und gehen zurück. Außerdem können wir dann auch hinterher in die Bildungsstätte schauen und mit einigen Bekannten ein paar Worte reden. Der Pappelweg! Wie oft sind wir hier schon entlang gegangen und haben geredet. Meistens bei irgendwelchen Kursen, die wir in der Bildungsstätte mitgemacht haben. Mal entspannt und voll von Erlebnissen und Gedanken, oft auch im Ringen um unsere Beziehung und verschiedene Ansichten. Der Bach schlängelt sich durch die Wiesen und Äcker, und die Pappeln wachsen an seinem Ufer und rauschen eigentlich immer im Wind. So windstill, dass man nichts hört, ist es selten. Heute ist der

Himmel grau, es ist November. Die Stimmung der Natur passt zu meiner Stimmung. Wir gehen sehr langsam, Kalli ist schnell erschöpft, wir kommen nicht einmal bis zur ersten Bank. Wir drehen wieder um und gehen langsam zurück. Diese ständigen Hinweise auf die Rückschritte, einfach durch sein Verhalten und Nicht- mehr-Können, sind manchmal fast nicht mehr zu ertragen. Von einem Priesterfreund aus Hamburg kam vor ein paar Tagen eine Karte. Er hatte von anderen Freunden aus Hamburg von Kallis Erkrankung erfahren, und er schreibt, dass diese Belastung wahrscheinlich fast übermenschliche Kraft erfordere. Da fühle ich mich gesehen und bestätigt. Genau so ist es.

Ein Einkauf ist fällig, und da es nicht weit ist, nehme ich Kalli mit. Ich möchte ihn nicht allein zu Hause lassen, außerdem soll er sich auch ein bisschen bewegen. Wir starten mit dem Auto zu dem Supermarkt. Ich sammle den Routineeinkauf zusammen, Kalli steht mitten im Laden. Auf einmal riecht es sehr durchdringend, wir gehen etwas weiter, da entdecke ich braune Spuren unter seinen Schuhen. Im selben Moment weiß ich, was passiert ist. Jetzt schnell zur Kasse, der Einkauf wird total unwichtig, ich will nur noch nach Hause. Ich merke, dass mir das etwas ausmacht: mein Mann hat seine Ausscheidung nicht mehr unter Kontrolle. Im Auto lege ich meine Jacke auf seinen Sitz, um das Polster zu schonen. Dann helfe ich ihm einzusteigen. In zehn Minuten sind wir zu Hause. Ich fühle mich wieder sicher und habe fast alles unter Kontrolle. Mit Ruhe und Gelassenheit bringe ich ihn ins Bad, wo ich ihn dann abdusche. Gleichzeitig fühle ich mich gespalten: einerseits die Ruhe, mit der ich das tue, was gefordert ist, andererseits das Entsetzen über das, was geschehen ist und die Angst vor dem, was noch alles kommen wird. Das Zuhause wird immer wichtiger, wird immer mehr zur Burg.

Wenn es sich irgendwie einrichten lässt, fahren wir noch jeden Samstagabend in den Gottesdienst nach Germershausen. Ich muss das zeitlich gut planen, damit wir auch pünktlich dort ankommen, aber wenn wir dann dort sind, komme ich immer wieder ins Staunen. Kalli ist in seinen Reaktionen und Antworten sehr langsam geworden, manchmal reagiert er auch gar nicht, dann weiß ich oft nicht, ob er nicht will, oder nicht kann. Aber im Gottesdienst, wenn die Gläubigen zu bestimmten Teilen aufstehen oder sich hinsetzen, dann auch mal wieder knien, klappt das ohne Zögern und genau passend. Ich verstehe das nicht, manchmal macht es mich auch wütend, denn ich denke dann, dass er das in anderen Situationen auch

können müsste! Diese Krankheit gibt so viele Rätsel auf. Er singt auch noch lange mit, nur die Seiten kann er nicht mehr so schnell aufblättern. Erst schaut er lange konzentriert auf die Anzeigentafel, dann beginnt er langsam zu blättern. Da aber meistens doch bekannte Lieder gesungen werden, kann er den Anfang auswendig singen, und dann hat er irgendwann die richtige Nummer gefunden. Wenn man uns so zusammen in der Kirche sieht, vermutet man wahrscheinlich nicht, dass der Mann an meiner Seite todkrank ist. Nach außen sieht alles so normal aus. Nicht ganz! Kalli sieht im Gesicht schon krank aus. Das registrieren die, die ihn seltener sehen, natürlich mehr als ich, die ich diese Veränderung ja täglich erlebe, und sie deshalb nicht mehr so deutlich wahrnehme. Das Festhalten an der Normalität, an unserem Alltag mit seinen festgelegten Aufgaben ist das, was uns hilft, im Leben zu bleiben. Morgens sind erst die Kinder dran. Wenn sie aus dem Haus sind, mache ich meine Gymnastik für fünfundvierzig Minuten. Nach dem Duschen und Anziehen bereite ich für Kalli das Frühstück vor. Dann gehe ich zu ihm ans Bett, wecke ihn und gebe ihm seine Spritze, um die Thrombosegefahr zu reduzieren. Krebspatienten sind besonders gefährdet, eine Thrombose zu entwickeln. Dann lege ich mich oft noch ein bisschen neben ihn ins Bett, um seine Nähe zu spüren. Er lässt es geschehen, aber es freut ihn vielleicht nicht. Ich weiß es nicht! Einmal, als er an die Decke schaut und gar nicht reagiert, als ich zu ihm ins Bett komme, frage ich ihn, was er denn jetzt denke. Da antwortet er, dass es ganz eng sei im Bett. Das trifft mich so tief, dass ich von da ab mich nicht mehr in sein Bett lege. Noch so eine Abfuhr will ich mir nicht mehr holen. Es schmerzt furchtbar. Wieder ein Abschied! Gleichzeitig denke ich, dass ich so auf den großen, den eigentlichen Abschied vorbereitet werde. Aber ich will ihn doch nicht!!
Eine Freundin von Nicole möchte uns besuchen, sie traut sich nicht, weil sie meint, bei uns sei sicher alles sehr traurig. Als sie dann doch kommt, kann sie sehen und erleben, dass wir bei allen Zukunftsängsten und vorweggenommener Trauer trotzdem auch noch leben und lachen. Wir werden auch noch eingeladen. Zum Kaninchenessen. Einmal im Jahr sind wir immer eingeladen worden von dieser Cousine von Kalli und ihrem Mann zum Kaninchenessen. Auch schon in den Zeiten, als die Grenze zur ehemaligen DDR noch bestand. Dieses Essen war früher immer auch ein Dankeschön für manche Mühe, die wir auf uns genommen hatten, um irgendwelche Wünsche und Dinge aus dem Westen zu beschaffen. Jetzt ist es einfach nur noch eine liebe Geste. Allerdings bin ich mir nicht sicher, ob ich mich darüber noch freuen kann, denn woanders als zu

Hause ist vieles mit Kalli deutlich umständlicher. Aber die Kinder freuen sich auf das Essen, und ich denke dann auch, dass diese Cousine und ihr Mann das mal für ein paar Stunden aushalten müssen, womit wir seit mehr als fünf Monaten leben. Die Fahrt verläuft ohne Probleme und der Tag auch. Das Kaninchen schmeckt, ein bisschen Normalität umfängt uns. Wir bleiben nicht so lange wie sonst, denn Kalli muss sich hinlegen, und ich brauche meine schützende Burg. Dieses Gefühl wird immer stärker.

Jeden Tag kommen Freunde, Verwandte, Bekannte. Darüber bin ich sehr froh. Kallis Schwester kommt mit einer Nachbarin aus der Straße, in der sie früher mit ihren Eltern gewohnt haben. Sie erzählt aus einer Zeit, die ich nicht kenne. Namen von anderen Nachbarn werden genannt. Die Zeit, als Kalli noch Kind und Jugendlicher war, entsteht vor meinen Ohren. Kalli liegt vom Mittagschlaf noch im Bett. Am Anfang der Krankheit wollte ich immer, dass er seinen Besuch auch empfängt, jetzt lasse ich es sich so entwickeln, wie es eben kommt. Und die Verrichtungen, die nötig sind für sein Wohlbefinden, mache ich dann, wenn sie dran sind. Nur den Mittagschlaf lasse ich nicht zu lange dauern, sonst ist er abends lange unruhig. Aber ich muss nachts schlafen.

Als Ulrich aus dem Kloster kommt, ist Mittagszeit, Kalli hält seine Mittagsruhe, einer von den Jungs ist zu Hause, und ich mache mit Ulrich einen langen Spaziergang durch die Feldmark um Ebergötzen. Ich erzähle von den letzten Wochen, von meinen Ängsten und von den teils dramatischen Rückschritten in seinem Verhalten. Irgendwo unterwegs bitte ich ihn dann, wenn es soweit sei, die Beerdigung von Kalli zu übernehmen. Darauf meint er, dass sei aber sehr schwer. Ja, sage ich, dass zu erleben, sei noch viel schwerer. Nach einem gut eineinhalbstündigen Gang sind wir wieder zurück. Ich bin froh, dass ich das Thema der Beerdigung mit Ulrich besprechen konnte, denn das liegt mir doch sehr am Herzen, dass das dann jemand macht, der uns alle gut kennt. Niemand weiß, wie lange es noch dauert oder besser, wie schnell es vielleicht schon nötig ist. Und Ulrich hat uns schon in vielen Situationen begleitet, seine Theologie hat uns und unser Gottesbild geprägt. In vielen seiner Seminare haben wir an unserer Paarbeziehung gearbeitet, manchmal mit Zähneknirschen. Die gottesdienstlichen Formen, die wir mit ihm erleben konnten, haben uns viel Freiheit gelassen und gleichzeitig den Sitz im Leben gezeigt. Als wir wieder nach Hause kommen, ist Besuch aus Hildesheim eingetroffen. Kalli liegt noch im Bett, die Besucher sitzen im Wohnzimmer und versuchen ein Gespräch. Ich sehe die Erschütterung über Kallis Zustand. Es ist auch viel Schweigen im Raum. Der Besucher aus Hildesheim hatte uns vor einem Jahr die Ehevorbereitungskurse angetragen. Nun muss er erleben, wie eine Ehe endet.

Einmal in der Woche kommt die Krankengymnastin ins Haus, sie hilft mit, dass Kalli in Bewegung bleibt. Er hat zwar keine Lähmungen, aber durch den fehlenden Antrieb bewegt er sich selbständig fast überhaupt nicht mehr. Diese halbe Stunde ist für ihn immer sehr anstrengend, aber ich sehe auch, was er noch alles kann. Sonst sitzt er hauptsächlich in der Küche am Tisch und liest Zeitung. Manchmal einen ganzen Vormittag. Einmal frage ich ihn, was er denn lese. Da liest er mir ganz langsam die Schlagzeile vor. Jetzt will ich es genauer wissen und bitte ihn, auch die da drunter stehende Zeile vorzulesen. Auch das klappt. Ich komme mir manchmal beinah wie ein Detektiv vor in dem Suchen, was in seinem Gehirn noch funktioniert. Die Emotionen sind weg. Das ist ganz deutlich. Er hat einen gleich bleibenden Gesichtsausdruck, ganz egal, was geschieht oder wer zu Besuch kommt. Wenn der Besuch sehr anregend ist für ihn, dann schaut er etwas wacher, zumindest eine Zeit lang. Er ist aber schnell ermüdet, und wenn mehrere Besucher da sind, kann er sich nicht konzentrieren und dem Gespräch folgen. Dann zieht er sich innerlich ganz zurück. Mit einem Besucher allein klappt die Kommunikation besser.

Manchmal bitte ich eins der Kinder, mit ihm den Abendspaziergang zu machen, weil ich mal eine halbe Stunde ausspannen will. Heute Abend geht Manuel mit ihm. Es ist schon beinah dunkel, der Winter naht. Sie kommen wieder, ich helfe Kalli beim Ausziehen der Jacke und bringe ihn in die Küche zu seinem Stuhl. Manuel kommt hinter mir her, als ich die Jacke aufhänge und fragt mich, wer denn Dietmar sei. Ich erzähle ihm von Ritas jüngerem Bruder. Dieser Bruder war auch Mitarbeiter in der Jugendarbeit in St. Paulus, und Kalli mochte ihn sehr. Da bricht es aus Manuel heraus, dass Kalli ihn heute bei dem Spaziergang mit Dietmar verwechselt habe. Er habe ihn nach dem Studium in Berlin gefragt und nach seiner jetzigen Arbeit und anderem mehr. Manuel weint ganz bitterlich, die Tränen und der Schmerz überwältigen ihn. Ich nehme meinen Sohn in den Arm und weine mit ihm. Ich habe Angst vor der Zukunft. Dass auch diese Fehlfunktion auftreten kann, weiß ich. Aber dass es als erstes meine Kinder trifft, das tut mir doppelt weh. Erst einmal müssen wir das jetzt jemandem erzählen. Ich spüre immer eine kleine Erleichterung, wenn ich so etwas Schlimmes erzählen kann, und ich hoffe, dass es Manuel auch ein bisschen hilft. Wir beide gehen hoch in Nicoles Zimmer, dort sind Nicole und Jonathan, und wir erzählen beiden, was Manuel soeben erlebt hat. Ich gehe dann wieder in die Küche zu meinem Mann, denn ich möchte ihn nicht zu lange alleine sitzen lassen. Er steht nicht auf von seinem Stuhl, das weiß ich, aber sein Einsamkeitsgefühl stelle ich mir in einem solchen Moment gigantisch vor. Er kann sich von sich aus nicht rühren, und er ist allein. Als ich unten ankomme, frage ich ihn, mit wem er denn eben spazieren gegangen sei. Seine Antwort lautet, mit Manuel. Ich bin ganz durcheinander, damit habe ich jetzt nicht gerechnet. Während ich ihm erzähle, was bei dem Spaziergang mit Manuel gewesen ist, kommt der in die Küche. Meine Erschütterung ist immer noch groß, und ich bitte beide, sich in den Arm zu nehmen, dass jeder spüre, dass der andere noch da ist. Diese Situation geht über meine Kräfte! Was kommt noch alles?! Dieses Mitansehen- Müssen, dass er seinen Sohn verwechselt hat, tut so weh. Diese Krankheit ist ein permanenter Abschied vor der Zeit. Physisch ist Kalli noch anwesend, aber psychisch schon lange nicht mehr.

Ein paar Tage später bringe ich ihn mal wieder zur Toilette. Meistens lasse ich ihn dann eine Viertelstunde dort sitzen, weil auch seine Körperfunktionen sich nur langsam vollziehen. Als ich dann wieder zu ihm komme, hat er das Gesicht nach oben gewandt, die Augen geschlossen und einen ganz entrückten friedlichen Gesichtsausdruck. Es berührt mich sehr, und ich frage ihn, was er denn sähe. Er antwortet mir: "Dich!" Ich bin ganz erschüttet, nehme seinen Kopf an meine Brust und weine lautlos viele Tränen: eine Liebeserklärung von meinem todkranken Mann!

Wir haben eine Einladung zum 60. Geburtstag eines Freundes zum Brunch in einem guten Restaurant in Duderstadt. Am liebsten würde ich zu Hause bleiben, andererseits freue ich mich auf einen Teil der Besucher. Ich denke mir dann, dass wir es versuchen. Wenn es schwierig wird, fahren wir eben wieder nach Hause. Jürgen freut sich, als wir kommen, gleichzeitig ist er sehr betroffen über Kallis Zustand. Vor drei Wochen, an meinem Geburtstag sah er noch besser aus. Aber dazwischen liegt ja auch der erste Anfall. Und ich bin mir im Klaren, dass der Tumor wohl jetzt weiter wächst, nachdem die Bestrahlungen ihn eine Weile gestoppt oder doch zumindest in seinem Wachstum verlangsamt haben.

Ich suche uns sofort einen Platz, da Kalli sehr erschöpft ist, wir sind ja schon vom Parkplatz ein Stück gegangen. Andere Gäste kommen, manche kennen wir, sie kommen auch zu uns an den Tisch. Die meisten tun so, als ob nichts wäre. Ich halte es fast nicht aus, dieses Tun- als- ob! Ich bereue schon beinah, doch gekommen zu sein.

Das Büffet wird eröffnet, und ich hole für meinen Mann etwas zum Essen. Dadurch, dass das Essen nicht auf dem Tisch steht, muss ich keine Bedenken haben, dass er zuviel essen wird. Aber die Abhängigkeit wird mir auf diese Weise sehr bewusst, in der er steckt. Ich spüre eine Macht, die ich gar nicht will. Aus unserem Bibelkreis sind einige auch da, und ich fühle mich nicht ganz so einsam. Zwischendurch geht mir durch den Kopf, dass Kalli seinen nächsten eigenen Geburtstag nicht mehr feiern wird. Er wird keine Enkel sehen, sein Leben geht zu Ende. Irgendwann machen wir uns auf den Heimweg. Kalli braucht seinen Mittagschlaf, und ich meine Entspannung. Vielleicht können wir heute Abend nach Germershausen in den Gottesdienst fahren.

Nach dem Mittagschlaf kriege ich Kalli nur schwer auf die Beine. Er steht oft einfach nicht auf. Der Gottesdienst würde mir gut tun, aber ich muss erkennen, dass das heute nichts wird. Das ist immer so, wenn wir irgendwelche Unternehmungen hinter uns haben: in der Situation selbst ist die Anstrengung für ihn gar nicht so zu spüren, erst anschließend macht sich das bemerkbar. Ich stehe in der Küche, weine, kann mich beinah nicht beruhigen. Die Auswirkungen dieser Krankheit sind einfach ungeheuerlich. Manchmal kommt es mir fast wie Boshaftigkeit seinerseits vor. Ich weiß, dass das nichts damit zu tun hat, trotzdem empfinde ich das so. Das schlechte Gewissen rührt sich: er ist einfach zu krank! Ich melde uns bei Freunden an, wir wollen einige Urlaubsdias gucken. Wir gehen vorher ein bisschen spazieren, und kehren dann bei Linus und Inge ein. Wir nehmen den Hintereingang, da haben wir eine Treppe gespart, weil das Haus am Hang liegt. Dann aber müssen wir in den ersten Stock gelangen. Kalli kriecht auf allen vieren die Treppe hoch. Ich gehe hinter ihm. Er schafft es nicht! Ich muss ihm die Beine jeweils auf die nächste Stufe setzen. Dann versteht er, dass er nun die Hände versetzen kann. Linus hilft von oben mit, so gut er kann. Als wir oben ankommen, nimmt mich Inge in den Arm, und ich kann erst einmal weinen. Diese ständige Abnahme seiner Fähigkeiten sowohl körperlicher als auch intellektueller Art mit anzusehen, geht manchmal über meine Kraft. Denn es bedeutet ja, dass das Ende näher kommt. Das ist heute wohl unser letzter Besuch in diesem Haus, geht es mir durch den Kopf. Ich bin sehr erschüttert über dieses Treppensteigen, Linus und Inge ebenso. Die Rückschritte sind allzu deutlich. Linus kümmert sich um Kalli, bringt ihn ins Wohnzimmer, während Inge mit mir in eines der Kinderzimmer geht, damit ich mich erst einmal ein wenig ausweinen kann. Anschließend schauen wir die Dias aus Island an. Linus war im Sommer dort mit einer Reisegruppe. Die Natur ist dort so urtümlich und beherrschend, die Bilder geben einen guten Eindruck davon. Sie wecken meine Sehnsucht nach einem Hinterher.

Als wir uns verabschieden ist klar, dass unsere nächsten Treffen bei uns sein müssen.

Dieses Bild, wie er die Treppe erklimmen muss, lässt mich lange nicht los.

Am Sonntag kommt Peter wieder, Kalli war ihm ein guter Freund. Peter sagte mal am Telefon, dass er der beste sei. Peter kommt zum Abschiednehmen. Sie gehen spazieren, aber die Strecken werden immer kürzer, weil es für Kalli schnell sehr anstrengend wird. Ganz betroffen fährt Peter gegen Abend wieder zurück in die Heide.

Jonathan hat vom Klavierunterricht aus ein kleines Vorspiel, ich möchte ihn hinbringen und ihn spielen hören. Eine kleine Abwechslung wird mir auch gut tun. Kallis Schwester ist bereit, zu uns zu kommen, um bei ihrem Bruder zu bleiben.

Die Eltern und Verwandten der Kinder, die musizieren werden, sitzen schon im Saal. Ich setze mich dazu und versuche, mich auf die Musik zu konzentrieren. Es ist fast nicht möglich. Die Bilder meines kranken Mannes ziehen durch meinen Kopf, die Befürchtungen über die weitere Entwicklung und unser Leben, das wir bald ohne ihn führen müssen. Als Jonathan anfängt zu spielen, laufen meine Tränen. Er hat bald Geburtstag, dann wird er vierzehn Jahre alt. Das ist zu früh, um seinen Vater zu verlieren, aber wir müssen es aushalten. Dieses Mitansehenmüssen ist schlimm.

In der Woche habe ich einen Zahnarzttermin. Kalli werde ich mit nach Duderstadt nehmen, aber bei Annemarie lassen, solange ich in Behandlung bin. Bevor wir starten, bringe ich ihn noch zur Toilette. Als er sitzt, dreht er den Kopf zur Seite, fast rechtwinklig, er zittert ein wenig, Gleichzeitig schauen die Augen blicklos ruckartig immer wieder an die Seitenwand. Ein Anfall!! Anders als vor drei Wochen, aber für mich eindeutig. Er dauert nur kurz. Aber kann ich jetzt zum Zahnarzt? Ihn bei Annemarie lassen? Ich will es versuchen. Den Termin verschieben möchte ich nicht, wer weiß was noch kommt. Als wir bei Annemarie ankommen, erzähle ich ihr, was zu Hause gewesen ist. Aber sie meint, dass ich in Ruhe losfahren könne. Ihr Mann ist vor fünf Jahren innerhalb von vier Monaten an Krebs gestorben. Sie ahnt, wie ich mich fühle. Ich bin bald fertig beim Zahnarzt und kann Kalli bald abholen. Es gab nichts Auffälliges, darüber bin ich sehr froh. Am Nachmittag zu Hause hat er während des Mittagschlafes den zweiten großen epileptischen Anfall. Ich bin gerade in der Küche und höre gurgelnde Geräusche. Deshalb gehe ich schnell ins Wohnzimmer. Die Medikamente liegen bereit, ich gebe ihm das Zäpfchen und die Spritze. Anschließend muss ich ihm trockene Sachen anziehen. Johanna ist dabei, und als alles vorbei ist, fängt sie an zu weinen. Mir ist das Herz so schwer, dass meine Kinder dies erleben müssen. Für mich selbst habe ich beinah alles Gefühl abgeschnitten, ich könnte sonst nicht durchhalten. Der erste Anfall ist genau vor drei Wochen gewesen. Ich rufe in der Praxis an und sage Bescheid. Aber auch, dass nicht extra jemand kommen muss. Die regelmäßigen wöchentlichen Besuche geben mir ausreichend Sicherheit. Anfangs kam die Ärztin vierzehntägig, aber nach dem ersten Anfall meinte sie, dass wöchentliche Hausbesuche angebracht seien. Ich bin damit zufrieden. Beim folgenden Besuch bringt sie ein Rezept mit für ein Medikament, das die Krampfbereitschaft vielleicht senken kann, sie hatte sich mit einem Neurologen besprochen. Ich bin ihr sehr dankbar, denn die Anfälle erschrecken mich sehr. Vor allem wegen meiner Kinder.

Bis jetzt habe ich dann, wenn Kalli schlief, manches im Haus erledigt und war nicht unbedingt in seiner Nähe. Der zweite große Anfall zeigt mir aber, dass die Erkrankung weiter schreitet und Kalli doch besser überwacht werden muss. Irgendjemand, mit dem ich dieses Problem bespreche, kommt auf die Idee, ein Babyphon auf zu stellen. Von Freunden kann ich mir eins ausleihen. Dann kann ich auch im Gästezimmer etwas nähen, oder die Kinder können aus ihren Zimmern über den Vater wachen. Denn im Falle eines Anfalls ist schnelle Hilfe nötig. Als unsere Kinder klein waren, hatten wir ein solches Gerät nicht gebraucht. Wenn die in ihren Betten lagen, hatten wir die Zimmertüren immer ein bisschen auf, und wenn sie dann weinten, hörten wir das in der unteren Etage gut.

Kalli ist uns mit den Symptomen seiner Erkrankung immer um mindestens einen Schritt voraus: wir können nur reagieren. Uns darauf einstellen und letztlich froh sein, dass es nicht noch schlimmer ist. Denn unser Wunsch ist, dass er hier bei uns in der Familie, in seinem Haus, sterben kann. Die Familie war ihm immer sehr wichtig. Und auch wenn wir das jetzt nicht mehr so deutlich spüren können, halten wir daran fest. Die Situation ist kompliziert: wir wissen und warten, dass er bald sterben wird, gleichzeitig fürchten wir es. Er wird immer schlapper. Die Spaziergänge werden immer langsamer und kürzer. Aber wir machen sie noch jeden Tag und oft auch zweimal. Ich denke mir, dass die frische Luft und die Bewegung ihm auf jeden Fall gut tun. Die Natur mit ihren Bildern bietet auch immer neue Anblicke und Reize. Im Haus sitzt er nur am Tisch oder er liegt in seinem Bett. Dort bewegt er sich auch fast nicht mehr, und ich bekomme langsam Angst, dass er an sehr belasteten Körperstellen wund werden könnte. Neulich hat eins der Kinder ein Überraschungsei gegessen und das Spielzeug auf dem Küchentisch liegen lassen. Seitdem nimmt Kalli es dauernd in die Hand, wenn er am Tisch sitzt, mal stellt er es auch wieder hin, dann fährt er damit über den Tisch, dann dreht er mit den Fingern an den Rädern, stundenlang ist er damit beschäftigt.

Am Wochenende sind wir zum Geburtstagsessen bei Maria eingeladen. Gleichzeitig haben wir Besuch von Freunden aus Lehrte, und so sind wir eine große Runde. Das Essen ist gut, und die Gesellschaft bringt Abwechslung. Zumindest für mich. Wir unterhalten uns, Kalli sitzt eigentlich nur dabei. Dem schnellen Hin und Her bei mehreren Gesprächspartnern kann er nicht mehr folgen, und ich fühle mich wieder einmal bestätigt in der Planung der Besuche, die sich bei uns anmelden. Kommen mehrere gleichzeitig, wird es ein Besuch über Kallis Kopf hinweg. Ich möchte aber doch für ihn, dass er ganz viel von seinen Besuchern hat.

Vorher sind wir bei der Adventsausstellung unseres Blumengeschäftes vorbei gefahren und haben dort ein Geschenk gekauft. Es ist die Zeit der Weihnachtssterne. Ich bekomme auch einen geschenkt für unser Wohnzimmer. In den letzten Jahren habe ich mir immer selbst einen gekauft, da weder meine Mutter noch meine Schwiegermutter noch leben und mir einen schenken könnten. Das ist hier so Sitte.

Eines Abends bekomme ich einen Anruf von unserem ehemaligen Kaplan aus der Jugendarbeit. Er habe gehört, dass Kalli sehr krank sei, und ob er ihn besuchen könne. Ich freue mich sehr und sage, dass er dann aber bald kommen müsse. Er überlegt kurz und fragt dann, ob er denn gleich kommen könne. Ich sage zu, und eine halbe Stunde später ist er da. Er kennt Kalli noch aus seinen ganz aktiven Zeiten in der Jugendarbeit, und er hat ihm beigestanden in der Zeit, als seine erste Ehe auseinander ging. Wir sitzen zusammen in der Küche und erinnern uns. Die Betroffenheit ist ihm so deutlich anzusehen, dass es mich schmerzt. Für uns ist dieser Zustand Kallis schon Alltag, aber durch die Reaktionen der anderen wird diese außerordentliche Situation immer wieder überdeutlich. Nach einer guten Stunde bricht er wieder auf, bedankt sich für die Möglichkeit dieses Besuches und lässt uns oder eher mich wieder mit vielen Erinnerungen allein. Monate nach Kallis Tod, als ich ihn wieder treffe, bedankt er sich noch einmal, dass dieser Besuch so spontan möglich war.

Die Adventszeit bricht an: überall in den Häusern schmücken die Menschen die Fenster mit adventlichen und weihnachtlichen Motiven und meistens auch einen Tannenbaum im Vorgarten mit elektrischen Kerzen. Wenn wir jetzt abends unseren Spaziergang machen, sieht es wunderschön aus. Ich liebe diese Zeit der Lichter. Gleichzeitig schmerzt es sehr, es ist wohl die letzte Adventszeit mit meinem Mann. In dieser Woche sind die letzten Vorbereitungen für den Weihnachtsbasar der Schule und des Schulvereins. Kalli hat sich in diesem Verein sehr engagiert und ist seit der Gründung Vereinsvorsitzender. Bei der letzten Vorstandsitzung im Oktober waren wir dabei, aber er hat fast kein Wort gesagt. Auch ein Abschied! Ich versuche, ihn anzuregen auch etwas zum Basar bei zu steuern, in der Hoffnung, eine Reaktion von ihm zu erhalten. Gemeinsam verzieren wir einfache Kerzen mit einer Taube als Friedenssymbol und dem Schriftzug ‚Frieden' in verschiedenen Sprachen. Er lässt sich darauf ein, einige Kerzen werden fertig. Allerdings ist er unglaublich langsam, und er wirkt absolut lustlos. Das passt zu seinem ganzen Sein seit Beginn der Krankheit.

Ich fahre mit ihm wieder einmal nach Germershausen. Es läuft ein Seminar, und Ulrike, eine Leiterin, ist dort. Vielleicht können wir sie treffen. Sie kann uns nicht helfen, aber ich möchte sie sehen. Die Autofahrten mit Kalli werden immer schwieriger. Das Einsteigen klappt noch etwas besser, aber das Aussteigen ist sehr schwierig: er steigt einfach nicht aus. Anfangs habe ich meistens viel Geduld, aber nach einer Viertelstunde mache ich ihm mit sanfter Gewalt deutlich, dass er jetzt aussteigen muss. Ich drehe ihn auf dem Sitz in Richtung Autotür und hebe ihn unter den Armen ein wenig an. Jetzt ist ihm klar, dass er aussteigen soll. Die Treppen zur Eingangshalle würde er nicht schaffen. Also gehen wir hinten durch die Kapelle in das Gebäude. Dort zünde ich in der Rita-Kapelle sechs Lichter an, für jeden aus unserer Familie eins. Als die Kinder klein waren, haben wir das oft gemacht. Dann habe ich ein Lied mit ihnen gesungen, und wir haben uns die Bilder zum Kreuzweg in der Kapelle angesehen. Es sind wunderschöne Emaillearbeiten von Egino Weinert, einem zeitgenössischen Künstler.

Singen kann ich heute nicht. Wir gehen durch den langen Flur, der die Kapelle mit dem Haupteingang verbindet, und dann durch die Küche. Damit umgehen wir die Treppen innerhalb des Hauses. Wie gern bin ich hier immer entlang gegangen, wenn wir im Haus Kurse besucht haben. Oft war ich auch allein hier, Kalli hat dann die Kinder gehütet.

Als wir in der Halle ankommen, treffen wir einige Mitarbeiter. Ich erzähle ein bisschen, aber eigentlich ist mir nur wichtig, dass sie sehen, was mit uns los ist. Manchmal habe ich keine Kraft mehr. Als wir so stehen, kommen tatsächlich die drei, die den Bibliodramakurs leiten. Ulrike kommt auf mich zu und umarmt mich, dann begrüßt sie Kalli. Er registriert, dass sie da ist, begrüßt sie beinah hölzern, aber es kommt keine Regung bei ihm durch.

Die ersten Kurse hatte ich allein im Bibliodrama mitgemacht. Dann konnte ich ihn überreden, sich auch einmal anzumelden. Es hatte ihm damals gut gefallen, und er schätzte Ulrike sehr. Ulrikes Mann ist vor etwa zehn Jahren an Krebs gestorben. Sie weiß, was wir durchmachen. Die Pause ist vorbei, die drei müssen weiter arbeiten und verabschieden sich. Wir steigen jetzt vorne die Treppen runter und gehen noch ein paar Minuten den Pappelweg entlang. Aber Kalli wirkt sehr angestrengt und so fahren wir bald nach Hause. Ich fühle mich innerlich ein bisschen ruhiger.

Mein Knie schmerzt sehr, und der Orthopäde hat mich zum MRT geschickt. Die Kinder sind zu Hause und passen auf ihren Vater auf. Eine Umkehrung der Verhältnisse von früher. In höherem Alter der Eltern ist das auch in Ordnung, aber in unserem Fall einfach zu früh.

Bevor sie mich dann in die Röhre schieben, erklären sie mir, wie die Untersuchung abläuft. Dabei fallen mir die vielen Untersuchungstermine von Kalli wieder ein. Aber jetzt bin ich dran. Sie schieben mich in die Röhre und es fängt an zu klopfen. Es ist unglaublich laut. Aber ich bin so erschöpft, dass ich einschlafe. Später finde ich die Formulierung, dass das der teuerste Mittagschlaf meines Lebens gewesen sei. Die Bilder werden dem Orthopäden zugesandt. Ich kann wieder nach Hause. Heute Abend fahre ich mit Alexa ins Deutsche Theater nach Göttingen, dort gibt es ‚Endstation Sehnsucht' von Tennessee Williams.

Seit Wochen schon ist dieser Besuch geplant. Das Stichwort Sehnsucht bewegt und begleitet mich seit vielen Jahren sehr, aber heute will ich eigentlich nicht ins Theater. Am liebsten bliebe ich zu Hause. Das Zuhause als die Burg, in die ich mich zurückziehen kann, wird immer wichtiger. Trotzdem fahre ich mit. Die Situation ist so unwirklich: Zuhause sitzt mein todkranker Mann, und ich geh ins Theater. Das Stück beginnt und zieht mich nach einer Weile in seinen Bann. Irgendwann rollen sie ein Bett auf die Bühne, das exakt dem Gästebett von Ilona gleicht, auf dem ich zurzeit im Wohnzimmer schlafe. In dem Augenblick ist alles wieder sofort im Kopf, und für mich ist der Theaterabend vorbei. Als wir nach Hause kommen, macht meine Familie einen zufriedenen Eindruck. Der Abend mit dem Vater hat den Kindern gut getan, er hat ein bisschen Annäherung gebracht.

Morgen findet der Weihnachtsbasar statt. Wie immer auf dem Hof eines ehemaligen Landwirts. Der Hof eignet sich wunderbar dafür, er ist groß, nach drei Seiten geschützt durch Hauswand und Scheunenwand und Garage, und er liegt mitten im Dorf. Auch Wasser- und Stromanschluss sind problemlos zu bewältigen. Nach dem Mittagessen gehe ich mit Kalli dorthin. Für diesen Basar hat er sich früher, gemeinsam mit der Schulleiterin, sehr engagiert. Wir haben viel gebastelt und in der Werkstatt gearbeitet. Diese gemeinsamen Aktivitäten habe ich sehr geliebt. Und ich habe dabei viel gelernt. Obwohl Kalli vor seinem Studium Schlosser gelernt hat, hat er auch immer gerne mit Holz gearbeitet. Zum einen möchte ich, dass Kalli sieht, dass die Aktivitäten, die er mit initiiert hat, auch für andere wichtig sind und weiter laufen. Aber ich möchte auch das Angebot sehen. Das unterscheidet sich von Jahr zu Jahr ein wenig, und in diesem Jahr habe ich nirgends mit arbeiten können. Das Wetter ist günstig, es regnet nicht, und es ist auch nicht zu kalt. Wir gehen über den Platz und schauen uns die Stände an. Es gibt nichts, was ich unbedingt kaufen möchte. Ich habe einfach keinen Sinn dafür. Der Tag heute verläuft so anders als in den anderen Jahren, dass mir fast der Bezug zur Realität fehlt. Ich will nur noch hier weg. Wir kehren wieder um. Ich helfe ihm beim Hinlegen, er macht dann seinen Mittagschlaf, und ich gehe mit meinem Besuch wieder einmal spazieren, um zu erzählen und das Entsetzen für eine Weile zu teilen.

Der erste Advent. Seit wir hier in Ebergötzen wohnen, habe ich den Adventskranz selbst gewunden, obwohl er nie ganz symmetrisch wurde. Auch in diesem Jahr schneide ich im Garten die Zweige, ich will ihn heute Abend binden und fertig machen. Der Schmuck ist immer gleich, da bin ich ganz konservativ: rote Kerzen, kleine Zapfen und kleine Bienenwachstäfelchen. Diese Riten halten mich am Leben und zeigen mir aber auch, dass das Leben irgendwie weitergeht. Dass die Zeit nicht stehen bleibt, auch wenn mir das sehr entgegenkäme. Diese festen Riten und Termine sind wie ein Steg durch unwegsames Gelände. Gerade der Dezember mit seinem adventlichen Erscheinen und speziell bei uns mit den Geburtstagen von dreien unserer Kinder will und muss gestaltet werden.

Am Sonntag kommen Freunde, zwischendurch entzünde ich die erste Kerze am Adventskranz. Singen kann ich heute nicht. Die Adventslieder drücken Hoffnung und Erwartung aus. Allein diese Worte treiben mir die Tränen in die Augen. Dabei haben wir früher gern und viel zusammen gesungen. Als die Kinder noch klein waren, saßen wir zusammen um den Adventskranz und haben unsere eigene Liedermappe zur Advents- und Weihnachtszeit herbeigeholt und die Lieder, die wir am liebsten mochten, gesungen. Viele bekannte Lieder hatten wir mit hinein genommen, aber auch neue Adventslieder, deren moderne Sprache und Melodien uns gefielen. Später dann saßen wir manchmal auch allein, aber das konnte uns nicht hindern, trotzdem zu singen. Ich habe die Lieder auf der Gitarre begleitet.

An diesem Abend kommt die stellvertretende Vorsitzende des Schulvereins mit ihrem Mann, um vom positiven Verlauf des Weihnachtsbasars zu berichten. Er hat wieder ein gutes Ergebnis eingebracht. Der Erlös wird für unsere Grundschule und für die Partnerschule in Tansania verwendet werden, wie in den Jahren zuvor. Die beiden bringen einige kleine Geschenke mit, unter anderem eine große Christbaumkugel, die mit dem ‚Vater unser' beschrieben ist. Ich freue mich, dass sie gekommen sind, Kalli kann seine Freude wohl nicht mehr ausdrücken.

Dezember

Jetzt haben wir schon Dezember: der Geburtstagsmonat von dreien unserer Kinder und der Weihnachtsmonat. Und mit dem Dezember endet auch das Jahr. Mir fallen die Worte des Chirurgen ein hinsichtlich der Prognose der Krankheit. Als ich ihn im September nach der Zeit fragte, die Kalli noch bliebe, und er meinte, er rechne dieses Jahr noch mit seinem Tod.

Jonathan hat morgen Geburtstag. Freunde der Familie werden kommen, dann natürlich sein Patenonkel und einige Verwandte. Ich backe Kuchen und plane das Abendessen. Zwischendurch kann ich fast nicht weiter arbeiten, weil mir die Tränen den Blick verstellen. Die zunehmende Apathie, die fast absolute Reglosigkeit und das lange Schlafen morgens und nachmittags zeigen die Fortentwicklung der Krankheit. Der Hirndruck steigt weiter, die Cortisondosis wird wieder erhöht.

Johanna hat für ihren Bruder ein Regal aus Fichtenleimholz für seine Musikanlage gebaut. Es muss jetzt noch gestrichen werden. Sie kommt in die Küche und fragt, womit sie es bearbeiten solle. Da meint Kalli, das Wachs stünde im Keller, sie solle schon mal runter gehen, er käme gleich nach. Das klang so wie in alten Zeiten, eine Stimme voller Kraft! Ganz gespannt schaue ich ihn an, ob er tatsächlich aufsteht. Auch Johanna ist überrascht und wartet an der Kellertreppe. Aber das war es dann auch! Vermutlich ist seine Selbstwahrnehmung sehr gestört. Seit über vier Wochen ist er keine Treppe im Haus mehr gegangen.

Am Freitag will Jonathan mit seinen Freunden seinen Geburtstag feiern. Sie trinken Kaffee, spielen und haben ihren Spaß. Kalli sitzt mit am Tisch, dennoch geben sich die Kinder ziemlich ungezwungen. Zum Abendbrot bereite ich alles vor, dann setze ich mich ins Auto und bringe Johanna in die Bildungsstätte. Sie betreut dort irgendein Seminar. Ich nutze diese Fahrt zu einem kurzen Besuch im Kloster. Ich muss mal wieder mit jemandem sprechen. Außerdem ist heute Nikolausabend. Seit meiner Kindheit erwarte ich einen Nikolausbesuch, der aber nie stattgefunden hat. So will ich mir heute wenigstens selbst etwas gönnen. Ich treffe Bruder Matthias, und wir setzen uns ins Wohnzimmer, er macht mir einen Kaffee. Die anderen Mitbrüder sind nicht da. Das macht aber nichts, ich brauche die ruhige Atmosphäre, die Beständigkeit. Bei uns ist nämlich nichts mehr ruhig und beständig. Ich erzähle von der letzten Zeit, weine. Manchmal überwältigen mich die Ängste fast. Wenn ich jetzt hier bleiben könnte. Aber Flucht ändert an der Situation überhaupt nichts. Außerdem brauchen mich die Kinder. Ich fahre wieder nach Hause. Jonathan und seine Freunde spielen noch und fühlen sich wohl.

Nachdem die Freunde gegangen sind, so gegen 21.30 Uhr, räume ich in der Küche auf und will einen Blumenstock vom Schrank nehmen, wo ich ihn in Sicherheit gebracht habe. Dabei steige ich auf einen Stuhl, und im selben Moment habe ich ein Gefühl, als ob mir jemand ins linke Knie geschossen hätte. Es tut so weh, ich bin sehr erschrocken. Einen Moment lang bleibe ich ganz steif, um das Knie nicht zu bewegen. Vielleicht hört der Schmerz dann auf! Nach einiger Zeit wird mir klar, dass sich so wohl nicht viel ändern wird. Ich muss ins Krankenhaus, wenigstens erst einmal zum Röntgen, dann wird man weitersehen. Mit Hilfe der Kinder bereiten wir Kalli für die Nacht vor. Anschließend bringt Nicole mich ins Weender Krankenhaus in die chirurgische Ambulanz. Nach kurzer Wartezeit bin ich dran, das Röntgenbild wird angefertigt, dann muss ich noch auf den Arzt warten. Der eröffnet mir dann, dass der Meniskus wohl eingerissen sei und dass das Knie operiert werden müsse. Allerdings hätten sie eine Wartezeit von mindestens drei Monaten. Ich bekomme ein Paar Gehhilfen und Schmerztabletten. Dazu noch die Ermahnung, mich zu schonen und das Knie zu kühlen. Wir fahren wieder nach Hause. Kalli schläft schon, und auch die Jungen liegen schon im Bett. Ich bin froh, dass ich jetzt keine Treppe steigen muss und lege mich auch ins Bett. Schlafen kann ich erst einmal nicht, Manuel hatte einen Zettel auf den Küchentisch gelegt, dass ich mir wegen des Nikolausabends keine Gedanken machen solle. Sie würden sich auch am nächsten Tag über den Nikolausteller mit kleinen Geschenken noch freuen. Da die Kinder alle im Herbst bzw. in der Vorweihnachtszeit Geburtstag haben, gibt es bei uns zum Nikolaus nur Süßigkeiten, aber der Ritus ist ja auch wichtig. Ich bin ganz gerührt.

Gleichzeitig rasen meine Gedanken, wie diese Situation zu ändern ist. Ich muss also operiert werden. Am liebsten wäre mir ziemlich bald, denn wir wissen nicht, wie es mit Kalli weitergeht. Und zurzeit ist er noch nicht bettlägerig. Wenn dieser Zustand aber eintreten sollte, möchte ich wieder in Ordnung sein, denn er soll zu Hause bleiben dürfen. Am folgenden Morgen rufe ich die Hausärztin an und berichte ihr, was sich ereignet hat. Dabei bitte ich sie um Unterstützung. Sie verspricht, sich darum zu kümmern, ich vertraue ihr vollkommen. Am heutigen Tag habe ich Hilfe, Peter aus der Heide kommt uns besuchen. Er staunt, als er mich mit Krücken sieht. Auf meine Bitte hin geht er mit Kalli spazieren, denn das kann ich jetzt nicht mehr. Dafür muss ich in der folgenden Zeit andere Menschen finden.

Als Peter und Kalli nach ihrem gemeinsamen Spaziergang wieder kommen, erzählt Peter, wie es ihm unterwegs ergangen ist. Kalli verspürte wohl Druck und wollte sich unterwegs hin hocken, um Stuhlgang zu machen. Peter hatte alle Mühe, ihn davon abzuhalten. Irgendwann ging es dann in die Hose. Jetzt müssen wir ihn erst einmal wieder sauber machen. Peter holt auf meine Beschreibung hin die saubere Kleidung aus unserem Kleiderschrank im Obergeschoß, denn mit meinen Krücken und den Schmerzen im Knie muss ich nicht unbedingt die Treppe steigen. Ich bin sehr gelassen. Ich spüre, dass wir uns langsam einem Höhepunkt nähern. Viel schlimmer als es jetzt ist, kann es eigentlich kaum noch werden. Ähnlich wie in einem Taifun, im Auge ist Ruhe. Wir verbringen den Nachmittag gemeinsam, reden viel miteinander als Kalli schläft, und gegen Abend fährt Peter wieder nach Hause.

Nicole und ich bereiten ihren Geburtstag vor, morgen werden wohl einige Gäste kommen. Zwischendurch lege ich mein Bein hoch und kühle mein Knie. Wie geht es weiter? Abends im Bett steigt Panik auf! Ich möchte meinen Mann zu Ende pflegen, ihn nicht irgendwohin bringen müssen. Aber dazu muss ich tauglich sein. Das Gedankenkarussell dreht sich, aber ich kann im Moment nichts tun.

Sonntag! Heute ist Geburtstag! Nicole wird 26 Jahre alt. Sie backt ihren Lieblingskuchen, anschließend schneiden wir das Gemüse und das Obst für den Abend, es wird Raclette geben. Es gibt dazu auch Pilze aus der Dose, und beim Öffnen passiert das Missgeschick, dass Nicki sich ernsthaft verletzt an dem offenen Deckel. Es blutet heftig, ich schaue mir die Wunde an und sehe sofort, dass sie genäht werden muss. Jetzt wird es schwierig: welcher Arzt hat Dienst, und wer kann sie zum Arzt bringen? Ich kann nicht fahren, Nicole selbst auch nicht. Ihr Kreislauf ist etwas labil. Wir schicken Jonathan, der gerade erst aufgestanden und noch im Bademantel ist, zur Nachbarin. Ilona kommt und kann sich um Nicole kümmern. Ich mache weiter, so gut ich kann. Irgendwann kommen sie wieder, die Stelle ist genäht und Nicki ist für eine Woche krank geschrieben, denn mit der Verletzung kann sie tatsächlich nicht an der Schreibmaschine arbeiten. Die Hand muss ruhig gestellt bleiben. So ist sie für eine Woche zu Hause, und kann manches erledigen, was ich nicht schaffe wegen meines Beines. Die Familie gerät so langsam an die Grenze ihrer Belastbarkeit. Tausend Gedanken schwirren durch meinen Kopf, wie lange halten wir noch durch? Wie geht es weiter?

Die ersten Gäste kommen. Alle helfen mit, als sie erkennen, wie schwierig es ist für uns. Johanna kommt aus Germershausen, die Betreuung dort ist zu Ende, und sie ist entsetzt, als ihr klar wird, dass sowohl ich als auch Nicole verletzt sind.

Kalli sitzt inmitten der Gäste, isst seinen Kuchen, aber hat seiner Tochter nicht zum Geburtstag gratuliert. Er realisiert das Geschehen nicht mehr. Auch nimmt er an den Gesprächen, die um ihn herum stattfinden, nicht teil. Es sind zu viele Gäste. Den schnell wechselnden Gesprächen und Sprechern kann er nicht mehr folgen. Die Hauptsache für ihn ist, dass er etwas zu essen hat. Irgendwann am Abend sind alle Gäste gegangen, und die Kinder helfen mir, ihren Vater ins Bett zu bringen. Auch dieser Tag ist geschafft. Morgen beginnt eine neue Woche, in sechs Tagen hat Johanna Geburtstag.

Am folgenden Tag kommt wieder die Hausärztin zum Hausbesuch und bringt mir auch einen Termin bei einem Orthopäden in Göttingen: nächste Woche Montag kann ich dorthin! Erst bin ich sehr enttäuscht, dass es noch so lange dauern soll, aber dann nehme ich es gelassen, ich habe mich schon an die Krücken gewöhnt. Irgendwie wird es schon gehen.

Für die Spaziergänge engagiere ich Freunde, die jetzt an meiner Statt mit Kalli ihre Runden durchs Dorf gehen. Ich denke mir, dass er noch möglichst lange sich bewegen muss, da sonst die Durchblutung schlechter wird, und er bald bettlägerig werden wird. Es ist kalt draußen, und ich habe den Eindruck, dass er kein Wärme- und Kälteempfinden mehr hat, denn seine Hände sind eiskalt, als er wiederkommt, und als ich frage, ob er friere, gibt er nur eine unklare Antwort. Ich werde ein paar Strumpfhosen für ihn bestellen, außerdem braucht er auch neue Hosen, bei der alten passt das Gummi nicht mehr um den Bauch. Wie gut, dass es Versandhäuser gibt. Außerdem bestelle ich noch ein paar warme Hausschuhe für ihn, denn er hat fast immer kalte Füße. Sie sind sehr teuer, aber ich denke mir, dass ich sie später auch auftragen kann. Ich erschrecke über meine eigenen Gedanken, gleichzeitig spüre ich, dass ich so denken darf. Der bisherige Ablauf des Geschehens lässt das zu.

Nicole geht auch mit ihm los, nachdem ich beim Anziehen geholfen habe. Aber als sie draußen auf dem Hof angekommen sind, setzt er sich gleich auf die Bank, die dort an der Wand steht. Nicole versucht erst mit gutem Zureden ihn zum Gehen zu bewegen, dann wird sie laut und schreit ihn an, dass er doch aufstehen solle. Schließlich weiß sie sich nicht mehr zu helfen und kommt zu mir. Gemeinsam versuchen wir, ihn zu überreden, doch ein Stück zu gehen, aber er will nicht. Ich fühle mich so hilflos mit meinen Krücken, und Nicole tut mir leid. Sie weint und ist ganz entsetzt über sich selbst, dass sie ihren Vater so angeschrien hat. Ich versuche ihr klar zu machen, dass wir halt alle überfordert sind, und dass sich in solchen Verhaltensweisen diese Überforderung ausdrücken kann. Aber sie kann es sich lange nicht verzeihen. Noch Jahre später wird diese Situation immer mal wieder zum Thema.

Zusammen gehen wir ins Haus. Wieder ein Rückschritt! Jetzt wird es wahrscheinlich keine Spaziergänge mehr geben. Diese scheinbare Normalität ist auch dahin! Er sitzt wieder am Küchentisch und schaut in die Zeitung. Er blättert nicht, mindestens eine halbe Stunde schaut er auf ein Bild, das eine Aufnahme aus einem Kindergarten zeigt. Nach langer Zeit kann ich es kaum noch mit ansehen, was er da so lange zu sehen hat, und ich frage ihn, was er denn auf dem Photo sähe. Er schaut mich an und meint: Dich! Ich nehme ihn in den Arm, drücke ihn fest in der Hoffnung, dass er ein wenig noch meine Liebe spüren kann.

Wenn er auf der Toilette sitzt, kann ich ihn kaum noch anheben, um ihn wieder zum Stehen zu bringen, dass er in die Küche oder ins Wohnzimmer gehen kann. Als ich das der Ärztin erzähle, verschreibt sie einen Toilettensitz. Das ist ein Gestell, das die Sitzfläche für die Toilette erhöht. Dazu gehören auch Armlehnen, auf die er sich dann stützen kann, um beim Aufstehen noch ein bisschen mit zu helfen. Damit sitzt Kalli höher, und ich kann ihn dann besser wieder in den Stand bringen. Auch für seinen Platz in der Küche holen wir aus der Scheune einen alten Lehnstuhl, dessen Sitzhöhe günstiger ist, und der auch Armlehnen hat, die ihn davor schützen, eventuell seitlich weg zu kippen. Da der Sitz eine große Tiefe hat, suche ich eine dicke Schaumgummiplatte, die ich ihm in den Rücken stelle, damit er sich bequem anlehnen kann. Für die Badewanne, in der ich ihn jeden zweiten Tag dusche, bekommt er einen Badewannen- Drehsitz. Er setzt sich darauf, ich halte ihn im Sitzen um die Schultern und die Unterschenkel und kann ihn damit in die Wanne hineindrehen und anschließend mit einer Hydraulik anheben oder absenken, je nachdem, wie es gebraucht wird. Das Gerät ist eine echte Erleichterung, denn Kalli ist zwar nicht gelähmt, aber insgesamt doch sehr unbeweglich und auch schwer geworden. Und mit meinen Knieschmerzen ist mir jede Entlastung recht.

Wieder kommen Freunde, um mit uns ein paar Stunden zu verbringen. Für das Wochenende haben sich Bernardin und Monika aus der Pfalz angesagt. Sie werden an Johannas Geburtstag da sein. Gemeinsam bereiten wir auch dieses Fest vor, Ilona bietet an, einen Kuchen zu backen, das Angebot nehme ich gerne an.

Vormittags kommen Freundinnen von Johanna, sie gehen zusammen spazieren. Nach dem Mittagessen bringe ich Kalli ins Bett. Die Handgriffe und Abläufe sind schon so automatisiert, als machte ich das schon Jahre. Manchmal erschreckt mich das. Vor einem Jahr haben wir Johannas 18. Geburtstag gefeiert, mit viel Freude und Elan! Nachmittags konnte sie ihren Führerschein bei der Fahrschule abholen, den sie ein paar Tage vorher bestanden hatte! Mit Michaels BMW durfte sie zurück fahren. Welch eine Veränderung in diesem Jahr! Die Wehmut und Trauer über den Verlust, den wir bis jetzt schon erlitten haben und der noch auf uns zukommen wird, sitzen mir im Kopf, erreichen mein Gefühl aber heute nicht.

Wir bereiten den Kaffeetisch vor für die Gäste, die kommen werden. Ganz sicher werden einige kommen. Auch für das Abendbrot haben wir eingekauft. Ich fühle mich ganz ruhig. Eine starke Gelassenheit macht sich breit, ich weiß, jetzt kann eigentlich nichts Schlimmeres mehr passieren. Gleichzeitig bin ich überwach, jede kleinste Veränderung in seinem Verhalten registriere ich. Ebenso das Verhalten der Kinder, sie müssen mit den extremen Veränderungen ihres Vaters umgehen. Diese Zeit wird sie prägen und hoffentlich irgendwann ein wenig verblassen. Vorstellen kann ich mir das jetzt noch nicht.

Wir sitzen gemeinsam beim Abendessen, und Kalli nimmt sich Essen, solange er etwas erreichen kann. Er trinkt Cola in Massen, ich stelle die Flasche an die Seite, dass er sie nicht mehr nehmen kann. Da nimmt er sich einfach ein Glas der Kinder und trinkt es leer. Dabei lächelt er verschmitzt. Ich bin verunsichert, wie soll ich es machen?!

Bernardin und Monika sind da, Kalli hat Bernardin erst mit jemand verwechselt, aber nach einer Weile hat er klar, wer er ist. So erleben unsere Besucher mit, dass Kalli nicht mehr so ganz deutlich alles erkennt. Kallis Schwester ist auch da, sie ist in der Küche mit anderen Gästen. Wir sitzen im Wohnzimmer. Ich versuche, mir diese Bilder einzuprägen: bald ist seine Zeit vorbei. Die Rückschritte sind überdeutlich. An den Gesichtern unserer Besucher kann ich es auch ablesen. Sie sind immer ganz erschüttert, wenn sie ihn sehen und sich dann die Vergleiche mit früheren Bildern aufdrängen. Seine Aktivitäten im Rahmen der Jugendarbeit in der katholischen Kirchengemeinde und später in unserer Ortsgemeinde als Schulelternratsvorsitzender und als Abgesandter im Schulausschuss.

Ich warte auf den Montag morgen, dann habe ich den Termin bei dem Orthopäden, letztlich weiß ich gar nicht so genau, was ich von ihm erwarte, aber er soll mein Knie reparieren: wie immer das aussieht. In der Zwischenzeit habe ich auch mit dem Psychotherapeuten telefoniert, habe erzählt, wie es hier bei uns zugeht. Er meinte, ich solle es einrichten, dass ich am Montag nach dem Arztbesuch beim Orthopäden bei ihm vorbeikommen könne. Diese Vorstellung gibt mir ein bisschen Kraft für den nächsten Tag.

Am Sonntagmorgen mache ich für Kalli das erste Mal eine Scheibe Brot fertig. Er kann es sich nicht mehr selbst schmieren. Er tut es zumindest nicht. Ich schneide es dann auch in Bröckchen, wie früher, als die Kinder noch klein waren. Äußerlich ruhig registriere ich diese neue Entwicklung. Ich weiß, dass ich stark sein muss, jetzt ist nicht die Zeit zu klagen, ich muss durchhalten, bis zum Tod. Nach dem Frühstück verabschieden sich Bernardin und Monika. Ich spüre ganz große Trauer, auch ein Stück Panik, denn das heißt: Jetzt bin ich wieder allein mit ihm und der Verantwortung und den Ereignissen, die wahrscheinlich, aber nicht festzulegen sind. Kalli liegt im

Bett, am Nachmittag kommt er nur ganz schwer wieder zu sich, und dann lasse ich ihn auch noch ein bisschen liegen, mache aber das Licht schon an. Ich schiebe mir einen Sessel neben sein Bett, lege mein verletztes Bein auf einen Hocker und spreche zu ihm in der Hoffnung, dass er es hört und vielleicht sogar aufnimmt. Unsere Urlaubsfahrten fallen mir ein, und ich beschreibe die Bilder, die ich in meinem Kopf habe. Unsere Urlaube ohne Kinder in der Rhön, die für uns als Paar so wichtig waren, dann aber auch die Familienurlaube, die uns nach Österreich, Jugoslawien und Dänemark geführt haben. Die Wanderungen in den Bergen mit Freunden und den Kindern. Die Weite und das Wasser und die Sonne am Meer, die uns entspannt haben und viele gemeinsame Aktivitäten mit den Kindern ermöglicht haben. Ich möchte ihm so gerne sagen, dass ich diese Erinnerungen immer behalten werde, und dass diese Erinnerungen immer mit ihm verbunden sein werden. Ich möchte diese Bilder auch in seinem Gehirn wachrufen, aber ich weiß nicht, ob es gelingt, er reagiert überhaupt nicht, er liegt nur da, die Augen meistens geschlossen. Ich lege die Jerusalem-CD auf und erledige bei leiser Musik Post, die sich in den letzten Tagen angesammelt hat. Heute ist der dritte Advent, ich entzünde die Kerzen am Adventskranz, nehme auch die Gitarre zur Hand, aber singen kann ich nicht! Kalli liebte das Singen so sehr, auch wenn wir in den letzten Jahren manchmal alleine gesungen haben, weil die Kinder ja doch älter wurden und ihren eigenen Stil in der Adventszeit suchten. Mit Nicole, Johanna und Jonathan trinke ich dann Kaffee, und dabei erzählen wir uns gegenseitig, was uns in den letzten zwei Tagen aufgefallen ist, was er nicht mehr kann, wie der Toilettengang besser funktioniert und der Badewannenlift uns hilft.

Am nächsten Morgen kommt Kallis Schwester, weil ich meinen Termin beim Orthopäden habe. Ich kann Kalli nicht mehr alleine lassen. Nicole bringt mich auf dem Weg zur Arbeit in der Praxis vorbei. Für kurze Augenblicke genieße ich das Gefühl des Umsorgtseins: Kalli hat jemanden, der sich kümmert, und ich habe auch Menschen, die meine Sache zu der ihrigen machen. Der Arzt untersucht mich, befragt mich nach der Krankengeschichte. Ich erzähle natürlich auch von der dramatischen Situation, in der wir zurzeit sind. Dann wird die Röntgenaufnahme gemacht. Als ich wieder in das Behandlungszimmer gerufen werde, meint der Arzt, dass eine Operation unumgänglich sei, er könne mir übermorgen einen Termin anbieten. Ich bin sehr froh, denn meine Bedenken hinsichtlich der baldigen Pflegebedürftigkeit von Kalli sind sehr groß, und ich möchte das gerne selbst bewerkstelligen und ihn bis zu seinem Ende pflegen. Also machen wir den Termin fest. Das heißt, dass ich morgen zum Anästhesisten zur Voruntersuchung für die Narkose kommen muss und übermorgen nüchtern um 7 Uhr zur Operation. Dass das so schnell klappen könnte hatte ich zwar gehofft, aber nicht für möglich gehalten.

Hier bin ich für heute fertig. Ich nehme meine Gehhilfen, innerlich für mich nenne ich sie Krücken und mache mich auf den Weg zum Psychotherapeuten. Es ist nicht so weit, aber trotzdem ist es sehr anstrengend, ich bin froh, als ich den Weg geschafft habe.

Ein wenig muss ich warten, dann kann ich in das Behandlungszimmer. Erst sitze ich auf einem Sessel, dann kann ich meinen Wunsch zu liegen äußern und lege mich auf die Couch. Die Entspannung ist kolossal: ich weine und erzähle, wie sich die Situation seit dem letzten Besuch verändert hat. Meine letzte Stunde hier war vor vier Wochen, und in diesen Wochen hat sich soviel getan, dass ich beinah meine, es seien Monate her.

Die Hilfe des Therapeuten besteht hauptsächlich darin, dass ich ohne Rücksicht erzählen kann. Und das tue ich ausgiebig. Bei Freunden oder Verwandten kommen meist nach einer gewissen Zeit beschwichtigende Worte oder Tränen, dann fühle ich mich beinah schuldig. Hier kann ich einfach auspacken. Unser Leben hat sich so verändert, dass ich manchmal mich so fremd in meiner Haut fühle wie in einem Film. Ich muss dann mit viel Kraft realisieren, dass die Kinder und das Haus dieselben geblieben sind. Aber dass mein Knie so schlapp gemacht hat, deute ich auch als Zeichen dafür, dass meine Kräfte langsam nachlassen. Meine Stunde hier ist gleich vorbei, ich verabschiede mich und erkläre, dass ich den nächsten Termin erst festmachen kann, wenn ich weiß, wie es weitergeht, vielleicht auch erst nach dem Tod meines Mannes. Der Therapeut bietet an, dass er bei großer Not auch zu uns nach Hause kommen könne! Dann solle ich mich melden. Diese Anteilnahme tut mir gut, zumal ich weiß, dass ein solches Angebot sehr selten ist.

Im Vorzimmer kann ich telefonieren, und nach kurzer Zeit kommt Ruth vom Kindergarten im Nikolausberger Weg und bringt mich nach Hause. Ich fühle mich geborgen im Wissen, dass alle uns unterstützen, wo sie nur können.

Heute muss ich die nächsten Tage organisieren. Ich brauche für zwei Vormittage jemanden, der bei Kalli bleibt, wenn ich ins Krankenhaus muss. Morgen zur Anästhesieuntersuchung, da ich eine Vollnarkose bekomme für die ambulante Operation. Und übermorgen für den eigentlichen Operationstag. Außerdem melde ich uns bei der Sozialstation an, da ich in den ersten Tagen nach der Operation Hilfe bei der Pflege von Kalli brauche. Als die Schwester der Sozialstation am Nachmittag kommt, gehen wir die notwendigen Schritte durch, dabei wird klar, dass sie nur vormittags zu kommen braucht, um beim Waschen und Anziehen zu helfen. Den Rest des Tages sitzt Kalli viel in der Küche am Tisch, und den Gang zur Toilette mit ihm, das werde ich dann schon schaffen. Ab Mittags sind dann ja auch die Kinder wieder da.

Am Mittwochmorgen stehen wir früh auf, die Kinder helfen Frühstück zu machen, in der Zeit kümmere ich mich um Kalli, wasche ihn und ziehe ihn an, dann bringe ich ihn wieder in sein Bett. Er kann dann später mit Nicoles Hilfe aufstehen, wenn sie wieder zurück ist, und sie braucht ihm dann nur das Frühstück zuzubereiten. Nicole bringt mich zum Krankenhaus und fährt sofort wieder nach Hause. So ist Kalli nur eine halbe Stunde allein, und da er selbständig nicht aufsteht, können wir das riskieren.

Im Erdgeschoß des Krankenhauses ist die Anmeldung, dort gebe ich meine Papiere ab, dann beeile ich mich, auf die Station zu kommen, die mir genannt wurde. Ich bekomme ein Bett zugewiesen in einem Zimmer, das eigentlich schon voll ist. Aber ich bleibe dort nicht lange. Nachdem ich mich ausgezogen und das Klinikhemdchen angezogen habe, liege ich und warte. Für die anderen Patientinnen beginnt der Tag jetzt erst, sie stehen auf, um sich zu waschen, oder warten auf den Pfleger oder eine Krankenschwester, die dabei behilflich sind. Eine der Patientinnen kenne ich, nach kurzem Nachdenken weiß ich auch, woher: sie war früher Sekretärin in der Bildungsstätte. Als sie meinen Namen hört, fragt sie nach, und so kommt es, dass ich auch hier von meinem Mann erzählen kann. Sie ist sehr erschüttert, kennt sie uns doch schon lange und als ganz aktive Familie. Ich weine, als ich erzähle, dass wir eigentlich nur noch auf Kallis Tod warten, denn so wie die Entwicklung in den letzten Wochen sich gezeigt hat, kann es nicht mehr ganz lange dauern.

Jetzt bin ich Patient! Das Bett mit mir drin wird aus dem Zimmer gerollt, lange Flure entlang, durch verschiedene Türen, irgendwann bin ich angekommen. Ich versuche, den Weg nachzuvollziehen. Vor 21 Jahren habe ich hier gearbeitet, ich kannte die Gänge genau, aber in der Zwischenzeit wurde umgebaut und angebaut, es hat sich viel verändert, wie überall. In dem Vorbereitungsraum wird der Blutdruck gemessen, dann soll ich zählen, und dann bin ich weg.

Als ich wieder aufwache, weine ich und weine und weine, es hört gar nicht wieder auf. Das Bett wird irgendwohin gerollt, nebenher geht

noch jemand. Ich höre, wie dem Jemand erklärt wird, dass das Weinen eine Reaktion auf die Narkose sei. Die meisten Menschen würden allerdings eher lachen. Das läge bei mir wohl an der Familiensituation. Im Zimmer angekommen, schlafe ich erst noch einmal ein. Beim Erwachen bin ich schon viel klarer, eine Schwester erscheint und misst Blutdruck, ich bekomme auch etwas zu trinken. Mein Knie schmerzt. Es schmerzt so stark, dass ich für eine Weile wünsche, ich hätte diese Operation doch besser nicht machen lassen. Ich kann mir nicht vorstellen, heute Mittag nach Hause zu fahren, um bei meinem Mann zu sein. Tränen schießen mir wieder in die Augen, ich kann nicht aufhören, eine Schwester kommt herein, umarmt mich, will mich trösten. Ich bekomme ein Schmerzmittel, eine Ordensschwester kommt mich besuchen, ihr erzähle ich von unserem Leid zu Hause, dabei weine ich schon wieder, gleichzeitig spüre ich aber, dass es erleichtert, zu sprechen, diese Ungeheuerlichkeit immer wieder los zu werden. Ich werde immer wacher, die nächste Dosierung des Schmerzmittels ist fällig. Der Anästhesist kommt, um zu sehen, dass ich gut wach bin. Nach einer Stunde kommt dann der Operateur, zieht die Drainage durch den Verband. Das schmerzt für einen kurzen Augenblick ganz heftig. Dann meint er, dass ich nun mich langsam anziehen könne und mit Medikamenten und Rezepten versehen das Taxi nach Hause bestellen könne. Mir geht es schon viel besser, und ich bin froh, dass ich zu meiner Familie kann. Ich kann sie nicht bewahren vor dem, was auf uns zukommt, aber ich möchte dabei sein. Wer weiß, was zu Hause in der Zwischenzeit gelaufen ist.
Es ist ein strahlend schöner Tag, die Fahrt im Taxi kann ich genießen, eigentlich dauert sie mir nicht lang genug. Mit meinen Krücken komme ich gut zurecht, ich hatte über eine Woche Zeit, mich daran zu gewöhnen. Ich spüre den Frost und humpele schnell ins Haus. Am Nachmittag werden aus der Apotheke die Medikamente gebracht, und gegen Abend besucht uns eine Bekannte aus dem Ort. Sie hatte vor ein paar Tagen angerufen und ich habe ihr für heute zugesagt. Wenn ich zu schlapp gewesen wäre, hätte sie sich um Kalli kümmern können, aber es geht mir gut, und so sitzen wir zu dritt in der Küche, wie in früheren Zeiten. Kalli ist anwesend, aber er nimmt nicht mehr teil an dem, was um ihn herum vorgeht. Das registriert die Bekannte auch und ist sehr erschrocken. Wie alle, die uns in dieser Zeit begegnen.
Am Abend helfen die Kinder, ihren Vater zu Bett zu bringen, dann bringen sie mir einen frischen Eisbeutel, den ich auf das Knie legen

soll. Zusätzlich brauche ich noch eine dicke Decke, damit das Bein etwas höher liegt. Meine Schmerztabletten habe ich genommen, und nun liege ich neben meinem todkranken Mann und kann erst einmal nicht einschlafen. Die elektrische Uhr blinkt. Unser Neffe hat sie uns geschenkt. Einige Jahre später ist er an einer nicht eindeutigen Krebskrankheit gestorben. Die Uhr ist nicht einfach abzulesen und sorgt bei neuen Besuchern immer wieder für Verwirrung. Ein Lichtchen nach dem anderen kommt hinzu, gelegentlich geht dafür auch ein anderes wieder aus.

Genau in einer Woche ist Heiligabend, wie wird es werden? Kalli wird bald sterben, aber ich möchte nicht, dass er an Weihnachten stirbt. Die Kinder und ich möchten das Fest in diesem Jahr noch mit ihm zusammen begehen. Weihnachten feiern können wir das dieses Jahr nicht nennen. Denn auch in den Folgejahren würde das Fest durch einen Tod genau an diesen Tagen eine Schwere bekommen, die ich nicht möchte. Das Gedankenkarussell hat mich im Griff. Meine Füße werden immer kälter, der Eisbeutel kühlt nicht nur das Knie, sondern den ganzen Menschen. Ich brauche eine Wärmflasche, sonst kann ich überhaupt nicht einschlafen. Johanna kommt noch einmal vorbei, bevor sie ins Bett geht, und so komme ich zu warmen Füßen, ohne selbst noch einmal aufstehen zu müssen. Einmal wache ich kurz auf in der Nacht, aber ich kann auch schnell wieder einschlafen. Die monatelange Übung im Autogenen Training wirkt.

Am folgenden Vormittag kommt sehr pünktlich die Schwester von der Sozialstation, um Kalli aus dem Bett und in seine Kleidung zu helfen. Ich gehe mit ins Badezimmer, so kann ich noch ein paar Tipps geben zu unserer morgendlichen Routine und mich gleichzeitig selbst fertig machen. Die Hilfe ist sehr kompetent, und ich bin dankbar, dass ich mich nur um mich selbst kümmern muss, denn ich bin nicht gut beweglich und habe auch Schmerzen.

Wir frühstücken. Anschließend hat sich ein Kollege von Kalli angesagt. Ich ziehe mich zurück, gehe ins Wohnzimmer und lege mich auf mein Bett. Die beiden sitzen in der Küche und unterhalten sich. Monate nach dem Tod Kallis erzählt mir dieser Kollege, dass sie sich gut und ausführlich über die Firma und die Probleme der Abteilung unterhalten hätten. Ich kann es nicht glauben, aber ich habe auch geschlafen.

Irgendwann wache ich wieder auf und höre nichts mehr aus der Küche. Ich schaue auf die Uhr. Es sind drei Stunden vergangen, der Kollege ist weg und Kalli sitzt allein in der Küche am Tisch. Er wollte den Kollegen zur Tür geleiten, und dieser Kollege wartete auch längere Zeit darauf. Als aber Kalli trotz gegenteiliger Versicherungen sich nicht erhob, ist er dann einfach gegangen. Auch das habe ich erst Monate später erzählt bekommen.

Die Kinder helfen im Haushalt sehr gut mit, und am Abend kommt Alexa vorbei. Sie hilft beim Wäschezusammenlegen. Morgen ist der letzte Schultag vor den Weihnachtsferien. Ich bin froh, dass dann die äußeren Termine wegfallen, so kann ich mich ganz den Gegebenheiten in unserer Familie widmen, und die Kinder sind auch freier in der Gestaltung der Tage. Gleichzeitig sind sie dann allerdings dem Geschehen hier zu Hause stärker ausgeliefert, die Ablenkungen durch die Freunde und den Unterricht fehlen.

Am Wochenende kommen Peter und Kirstin. Sie haben ihre Kinder bei Verwandten untergebracht, um uns mal wieder zu besuchen. Ihr Mitgefühl wärmt mich innerlich und stärkt mich. Zum Verbandwechsel muss ich in die Praxis nach Göttingen. Eins der Kinder fährt mich. Ich bin froh, dass alles sehr gut aussieht, und Kalli liebe Menschen um sich hat. Der Arzt sagt, dass ich die Krücken weglassen könne, nur schwere Sachen heben solle ich noch nicht. Als wir nach Hause kommen sind Jürgen und Peter aus dem Kloster auch da. Wir haben sie während ihres Noviziats kennen gelernt und waren auch bei ihrer ersten Profess eingeladen. Peter war schon oft hier, aber Jürgen sieht Kalli heute das erste Mal, seit er krank ist. Die Anteilnahme aller tut mir gut. Es wird den Freunden immer deutlicher, dass es Kalli ständig schlechter geht: er spricht fast gar nicht mehr, seine Bewegungen sind sehr langsam geworden, er isst nur noch ganz wenig, und es ist überhaupt keine Anteilnahme an dem, was um ihn herum vorgeht, zu erkennen.

Heute ist der vierte Advent. Gleich kommt die Schwester von der Sozialstation noch ein letztes Mal, denn ab morgen kann ich es wieder allein. Aber in diesen vier Tagen wieder etwas mehr an mich zu denken, hat mir sehr gut getan.

Heute Abend kommt ein Bekannter hier aus dem Ort, der vielen Menschen schon geholfen hat, ihre Rentenanträge zu stellen. Linus und Inge wussten davon und hatten mir schon vor einiger Zeit seinen Namen in dem Zusammenhang genannt. Ich bin so froh, dass jemand mit Kompetenz sich darum kümmert, denn diese vielen Seiten Formulare für Kalli richtig auszufüllen, wäre wohl über meine Kraft gegangen. Und durch seine freundlich distanzierte, aber doch mitfühlende Art, kann ich einigermaßen gefasst die vielen Fragen und Daten beantworten. Kalli liegt im Wohnzimmer auf seinem Bett. Linus und Inge kommen, er registriert es kaum.

105

Am Montag frage ich die Hausärztin, wie lange es denn wohl noch dauern würde. Meine Kräfte würden weniger. Sie meint, dass sie es nicht mehr in Monaten ausdrücken würde, eher in Wochen. Genauer könne sie es nicht sagen. Sie untersucht ihn gründlich, schreibt die zu Ende gehenden Medikamente auf als Rezept und untersucht noch Jonathan, der eine heftige Erkältung hat. Ich begleite sie zum Auto und spüre die Aussichtslosigkeit der Situation ganz furchtbar stark. Ich mag nicht wieder hineingehen. Ich bin wieder allein. Unser Cousin Michael in Kallmerode hat heute Geburtstag. Seine Geschwister mit Familien und Tante Anni und Onkel Benno werden dort mit ihm feiern. In den anderen Jahren sind wir auch immer hin gefahren. Es war stets eine gute und angeregte Atmosphäre, die meisten hatten schon Urlaub oder gerade ihren letzten Arbeitstag vor den Ferien, dadurch war oft eine sehr gelöste Stimmung. Heute werden sie auch zusammen sein, aber sie werden auch an uns denken. Das zu wissen, tröstet mich ein bisschen.

Morgen werden wir den Weihnachtsbaum aufstellen. Wir haben einer Tanne aus dem Garten die Spitze gekappt, weil sie als Ganze nicht mehr schön aussieht und gefällt werden soll. Die Spitze taugt aber wunderbar zum Weihnachtsbaum. Der kriegt in diesem Jahr einen anderen Platz, weil wir die Wohnzimmertür nicht abschließen können. Die Tür muss frei bleiben, sonst wird der Weg an Kallis Bett zu umständlich. Die Kinder und ich überlegen gemeinsam, und dann einigen wir uns auf einen Platz vor dem Bücherregal. Dann kann ich zwar mein Bett dort nicht mehr unterbringen, aber für die zwei Wochen finde ich für das Bett eine andere Lösung. Ich stelle es einfach an die Wand unterhalb der Pinwand, und dort kann es auch stehen bleiben, ich muss es nicht jeden Morgen wegräumen. Am folgenden Tag, als wir dabei sind, den Baum aufzustellen, bin ich ganz gespannt, wie Kalli sich verhalten wird. Bisher war das Aufstellen des Weihnachtsbaumes seine ureigene Tätigkeit. Wie wird es heute sein? Die Kinder und ich räumen den Platz frei für den Baum, schaffen den Schaukelstuhl in die Scheune und weitere Kleinmöbel in das Elternschlafzimmer im oberen Stockwerk, das wir zurzeit doch nicht brauchen. Manuel holt den Baum, den er schon gekürzt hat, ins Wohnzimmer und will ihn gerade in den Ständer klemmen, als klar wird, dass er noch zu groß ist. Ich schaue zu Kalli und wünsche mir, dass er aufsteht oder doch wenigstens etwas sagt. Aber es kommt überhaupt nichts von ihm. Er liegt auf seinem Bett. Es scheint, dass er zuschaut, aber er reagiert nicht. Manuel holt eine Säge, der Baum muss noch ein Stück gekürzt werden. Mitten im Wohnzimmer passiert das, spätestens jetzt wäre vom gesunden Kalli ein Kommentar gekommen, aber er schaut nur zu. Mir wird das Herz schwer, und ich fürchte mich vor den Weihnachtstagen.

Der Baum steht und sieht jetzt schon wunderschön aus. Die Mädchen werden ihn nach dem Mittagessen schmücken. Wieder so ein Ritus, der uns hilft zu überleben. Das Leben geht weiter. Wenn auch ganz anders, als wir uns das wünschen.

Die Krankengymnastin kommt heute, ich berichte ihr von meiner Operation und dem Kampf mit dem Verband. Sie schaut sich das Bein an und meint, dass ich den Verband abnehmen könne, ein kleines Pflaster würde reichen. Darüber bin ich sehr froh, denn diese vielen Binden rutschten mir schon seit Tagen am Bein herunter.

Am Nachmittag kommt Gerd mit Tante Anni und Onkel Benno. Monika und Hans-Helmut und Alfons besuchen uns auch. Wir sitzen in der Küche, ich hole ein paar Weihnachtsplätzchen und freue mich über die Besucher. Das empfinde ich als eine gute Einstimmung auf Weihnachten. Kalli liegt noch in seinem Bett. Nach dem Kaffee gehen wir ins Wohnzimmer und setzen uns um den Tisch, ich entzünde eine Kerze. Das Gespräch geht weiter. Obwohl Kalli sich nicht beteiligt, haben wir doch den Eindruck, dass er registriert, dass Besuch da ist. Auf jeden Fall wünschen wir uns das alle. In gesunden Zeiten hätte er wahrscheinlich das Gespräch bestimmt. Er liebte es, wenn Gäste da waren. Oft warf er dann existentielle Fragen auf und freute sich, wenn alle darauf eingingen. Auch Konflikte scheute er nicht, wenn es um seinen Standpunkt ging. Seine größte Sorge war, dass er zu einseitig oder festgefahren wäre, deshalb waren ihm die Diskussionen so wichtig. Er sah sie immer als ein notwendiges Regulativ seiner Einstellungen.

Langsam werden wir ruhiger, der Tannenbaum strahlt Ruhe aus auch ohne dass die Kerzen brennen. Wir hängen unseren Gedanken und Befürchtungen nach. Bei Tante Anni und Onkel Benno habe ich zum ersten Mal den Eindruck, dass sie tatsächlich realisieren, dass Kalli bald sterben wird. Ich fühle mich bestätigt und endlich ernst genommen von ihnen. Bisher musste ich mir eigentlich immer Beschwichtigungen anhören. Und da ich aber die Realität täglich vor Augen habe, fördert das eine Wut, die ich nicht beschreiben kann, und noch viel weniger rauslassen kann. Gleichzeitig ist das Gefühl der Hilflosigkeit so ungeheuerlich, dass ich nach jedem Strohhalm greifen würde.

In den letzten Wochen ist ganz langsam in mir der Gedanke nach dem Sakrament der Krankensalbung für Kalli aufgekommen. Ich habe auch versucht, das mit ihm zu besprechen. Angesichts der beinah aussichtslosen Kommunikation war das sehr schwierig. Ich habe ihn an frühere Zeiten erinnert, als es in der Zeit der Studentengemeinde jede zweite Woche in unserem Wohnzimmer mit Freunden und dem Studentenpfarrer eine Eucharistiefeier gab. Da wir zu der Zeit das erste Pärchen mit einem Kind waren, trafen wir uns regelmäßig in unserer Wohnung.

Kalli macht keinen ablehnenden Eindruck, deshalb nehme ich mir vor, das bald mit Alfons zu besprechen. Ich spüre immer stärker, dass wir nicht mehr viel Zeit haben. Alfons geht heute als letzter, und so nutze ich die Gelegenheit, einen Termin mit ihm für einen solchen Abend auszumachen. Ich fühle, dass es auch für mich wichtig ist. Einige Wochen war ich nun nicht mehr in der Kirche, und ich brauche den Segen für die nächsten Wochen und vielleicht auch Monate. Vielleicht wollen die Kinder auch? Ich werde es mit ihnen besprechen, aber lieber wäre mir, dass sie nicht wollen. Eine Eucharistiefeier nur mit Alfons, Kalli und mir. Kann Gott mir helfen? Wir legen den Termin auf den Sonntag nach Weihnachten fest, und ich habe nur den einen Wunsch, dass uns dieser Abend dann noch gegönnt sein wird.

Weihnachten

Heute ist Heiliger Abend! Dieser Tag ist einerseits durch viele feste Riten geprägt, andererseits ist bei uns in diesem Jahr vieles ganz anders. Irgendwie kommen wir durch diesen Tag. Das traditionelle Mittagessen, ein Kirschenauflauf mit Brötchen, schmeckt uns gut. Dazu die Weinsauce, die schon dem Mittagessen eine festliche Note gibt. Während Kalli Mittagschlaf macht, packe ich noch ein paar Geschenke für die Kinder ein. Sie sollen trotz der dramatischen Umstände doch ein bisschen normale Weihnachten feiern können, und dazu gehören auch Geschenke. Als es draußen dunkel wird, trinken wir Kaffee in der Küche und essen einige Plätzchen. Die Kirchenglocken läuten und rufen zur Kinderchristmette im Dorf. In früheren Jahren haben unsere Kinder ziemlich regelmäßig bei den Krippenspielen in den verschiedenen Gottesdiensten mitgewirkt. Und wenn sie dann nach Hause kamen, hielten wir unsere Bescherung. So ein Tag wie heute ist voll von Erinnerungen an glückliche Zeiten, aber ich erlaube mir nur wenig Nachdenken, es würde zu schwer. Ich brauche meine Kraft für die kommende Zeit.

Die Geschenke sind unter dem Baum verteilt, das Abendbrot haben die Kinder und ich gemeinsam vorbereitet. Es gibt Hawaii-Toast, wie immer bei uns am Heiligen Abend. Diese Routine hilft beim Weiterleben, so muss ich nicht immerzu Entscheidungen treffen. Außerdem geben uns diese festen Abläufe einen äußeren Rahmen, der uns stützt. Das spüren wir auch noch Monate nach dem Tod und nutzen es beinah instinktiv.

Die Kerzen am Baum brennen, den großen Stuhl haben wir für Kalli aus der Küche geholt, damit er gut gestützt am Tisch sitzen kann Denn am Heiligen Abend essen wir im Wohnzimmer. Wir lassen uns Zeit, nach und nach packen die Kinder ihre Geschenke aus. Ein paar Päckchen sind auch mit der Post gekommen, da sind wir alle ganz neugierig. Wie früher! Aber eigentlich ist nichts mehr so, wie es einmal war. Trotzdem hole ich den Photoapparat, ich will einige Bilder machen, denn irgendwann wollen wir uns auch an diese Zeit erinnern, und Photos sind eine gute Gedächtnisstütze. Ich mache Bilder von den Kindern mit ihren Geschenken, von Kalli zwischen seinen Kindern und von ihm allein. Vielleicht sind es die letzten, schießt es mir durch den Kopf. Diese Krankheit ist so unberechenbar, und in den letzten zwei Wochen hat er sich doch sehr verändert, so dass ich innerlich total angespannt bin und jede kleinste Abweichung vom bisherigen Verhalten registriere.

Später am Abend gehen die Kinder ihrer Wege, und ich bringe Kalli ins Bett. Auch ich bin sehr erschöpft. Dieses Leben unter der ständigen Anspannung und Erwartung ist Kräfte zehrend. Dazu kommen immer mal wieder die Bilder von unserem Leben danach. Was ist dann? Wenn er nicht mehr ist? Ich habe ganz gut gelernt, diese Gedanken bei Seite zu schieben, aber es gelingt nicht immer vollständig.

Ich liege in meinem Bett, das wegen des Weihnachtsbaumes nicht direkt neben seinem stehen kann. Auch ein Stück Abstand, geht mir durch den Kopf. Bis gestern stand es noch neben seinem! So lerne ich immer wieder neu den Abschied! In kleinen und manchmal aber auch in ganz großen Schritten. In den anderen Jahren sind wir am Heiligen Abend in die Christmette nach Germershausen gefahren. Anschließend war dort im Kloster gemütliches Beisammensein der Klosterfreunde mit den Augustinern bei Weihnachtsplätzchen und Wein. Die anderen werden dort heute sitzen, wir sind hier zu Hause und warten auf den Tod. Ich spüre den Zorn, die Wut und kann mir doch nicht helfen. Morgen kommt meine Schwägerin mit ihrer Tochter und deren Lebenspartner. Sie hatte innerhalb von zwei Jahren ihren Sohn und dann ihren Mann durch Krebs verloren. Unser Kontakt ist immer schwierig, da sie viel redet, und ich das nur schwer ertragen kann. Deswegen sind ihre Besuche immer anstrengend, auch wenn sie in den letzten Monaten sehr hilfsbereit war.

Vorher werden wir unsere Weihnachtsgans essen. Ich habe ein neues Rezept in der Tageszeitung gefunden, und das möchte ich ausprobieren. Die Gans ist von Nachbarn aufgezogen worden. Im Spätsommer habe ich sie bestellt, und vor einigen Wochen abgeholt. Ich hatte sie ganz vergessen, aber die Nachbarin rief an und erzählte, dass sie die Abholung mit einem kleinen Kaffee verbinden möchte. Erst wollte ich gleich wieder gehen, aber auf ihre eindrückliche Einladung hin, setzte ich mich dann doch zu den anderen Gänseholern. Ich genoss die Fürsorge und die Nachfrage nach unserem Wohlergehen und ging nach einer Stunde ein wenig getröstet wieder nach Hause.

Ich kann immer noch nicht schlafen, Kaffeeduft durchzieht meine Nase. Von Freunden haben wir ein kleines Care- Paket bekommen, in dem war neben ein paar Süßigkeiten auch ein Pfund Kaffee drin. Diese kleinen Gesten tun so gut, ich will es mir merken.

Irgendwann am folgenden Morgen wache ich auf. Ich liebte früher diesen Weihnachtsmorgen, wenn die Kugeln am Baum im frühen Dämmerlicht nur schwach leuchten und das Weihnachtszimmer Ruhe und Geheimnis ausstrahlt. Heute schmerzt es ganz furchtbar, denn heute liegt mein sterbender Mann in diesem Zimmer, und wir wissen nicht, wann es sein wird, jede Stunde kann die letzte sein. Ich will diesen Gedanken nicht länger nachgehen. Ich gehe ins Badezimmer und mache dort auf meinem Gymnastikball meine Übungen. Vor einiger Zeit habe ich mir ein Radio dazu geholt, damit es nicht ganz so eintönig ist, mit Musik geht es schwungvoller. Anschließend mache ich mich für den Tag fertig. Dann ist die Gans dran! Wenn sie im Ofen ist, können wir frühstücken, zumindest diejenigen, die den Weg aus dem Bett gefunden haben. Ich wecke meinen Mann und setze mich neben ihn auf die Bettkante. Wir schauen gemeinsam nach draußen. An das gegenüberliegende Fenster habe ich einen großen Stern aus Transparentpapier geklebt. Wir haben ihn in der Adventszeit von Freunden als Zeichen der Hoffnung geschenkt bekommen. Er wird Kalli überleben. Solche Gedanken kommen mir oft, und jedes Mal erschrecke ich darüber. Aber es wird so sein! Der Vormittag geht in Ruhe seinen Gang, ein paar Telefonate zum Weihnachtsfest erreichen uns. Die Stimmung in der Familie ist besorgt, aber auch gelassen. Wir haben alle akzeptiert, dass Kalli nicht mehr gesund werden wird, dass er sterben wird und dass das sicher bald geschehen wird. Unser Gefühlsleben haben wir gut im Griff, und dadurch, dass keine äußeren Termine anstehen, können wir uns ganz auf Kalli und auf uns einstellen.

Mittagessen! Die Weihnachtsgans schmeckt wunderbar, die Kinder fühlen sich wohl und es schmeckt ihnen. Zum Nachtisch gibt es Eis. Kalli hat auch ganz gut gegessen. Vor dem Mittagschlaf gehe ich mit ihm zur Toilette. Während ich ihm die Hose mit der Windel runterziehe, sehe ich, dass sein rechtes Bein vom Oberschenkel abwärts heftig zittert, dann geht das Zittern auf den ganzen Körper über. Im selben Moment kann ich ihn gerade noch auf die Toilettenbrille setzen und mit dem linken Arm seinen Kopf schützen. Er hat wieder einen epileptischen Anfall. Dieser dauert länger als die anderen, die er bisher hatte. Mit Schrecken merke ich, dass ich mir wünsche, es möge nun vorbei sein. Er zuckt, ich kann ihn kaum halten, ich bin froh, dass ich den Arm auf dem Waschbecken abstützen kann. Sein Kopf schlägt hin und her, ich muss ihn gut festhalten, dass er nicht an die Wand stößt. Ich rufe die Kinder, dass sie mir die Medikamente bringen, die für den Notfall bereit liegen. In einer Nierenschale im Wohnzimmer auf dem Schrank liegen die Spritze und das Zäpfchen. Die Spritze gebe ich ihm gleich hier auf der Toilette, um den Anfall möglichst bald zu stoppen. Mit einer Routine, die ich mir selbst nicht zugetraut hätte, verabreiche ich ihm die Spritze. Er wird ruhiger, der Anfall ist vorbei. Jetzt muss er hier weg. Ich kann Kalli mit meinem operierten Knie nicht heben, Manuel muss kommen. Er ist drüben bei den Nachbarn. Jonathan holt ihn, Ilona kommt auch mit. Manuel packt seinen Vater bei den Händen und wuchtet ihn wie einen Sack auf den Rücken. Dann schleppt er ihn ins Wohnzimmer zum Bett. Dieses Bild hat sich mir eingebrannt: Der Junge schleift seinen todkranken Vater über den Flur ins Bett. Jetzt darf ich da nicht drüber nachdenken, aber später habe ich dieses Bild oft vor Augen.

Dort hilft mir Ilona: Kalli muss ausgezogen werden, das Zäpfchen gebe ich ihm, und dann muss ich ihn komplett neu anziehen. Sämtliche Kontrolle über die Körperfunktionen liegt bei einem großen Anfall danieder. Mit viel Schmerz schaffe ich die einzelnen Handgriffe, Kalli ist schwer, da er selbst gar nicht mithelfen kann. Er schläft ganz tief, das ist völlig normal nach einem Anfall. Was kommt noch alles auf uns zu? Endlich sind wir fertig, ich hätte jetzt gerne eine Pause für mich, da fährt ein Auto auf den Hof, meine Schwägerin kommt. Die Kinder und ich erzählen, es gibt Geschenke, wir trinken Kaffee, irgendwie geht dieser Nachmittag vorbei, innerlich bin ich bei dem Geschehen vom Mittag. Irgendwann am

Abend fahren sie endlich wieder. Die Anstrengung war kolossal, auch die Kinder registrieren das und schicken mich zum Ausspannen zu Ilona. Sie wollen bei ihrem Vater wachen. Ich nehme das Angebot gerne an und verbringe knapp zwei Stunden bei Ilona und Horst im Wohnzimmer. Die elektrischen Kerzen am Weihnachtsbaum brennen und zaubern ein freundliches Licht. Ich kann mich fallen lassen und genieße die Anteilnahme. Bald zieht es mich wieder zurück, ich möchte meine Kinder nicht zu lange alleine lassen, wer weiß, was noch kommt.

Trotz allem schlafe ich gut in dieser Nacht, ich denke, dass der Körper selbst für sich sorgt. Heute Morgen ist Kalli immer noch so erschöpft, dass ich ihn im Bett lasse und ihm das Frühstück ans Bett bringe. Er isst nur wenig, auch macht er kaum die Augen auf. Das Getränk bringe ich ihm in einer Tasse mit Strohhalm, dann kann er besser trinken. Manuel bietet an, bei seinem Vater zu bleiben, während wir anderen zu Norbert zum Geburtstagsfrühstück gehen. Das ist Sitte seit vielen Jahren, denn Norbert hat am zweiten Weihnachtstag Geburtstag. Nach einer Stunde verabschiede ich mich, ich will nach Hause, um Manuel abzulösen. Kalli schläft, ich setze mich an sein Bett. Er liegt ruhig und entspannt, diese Ruhe geht auf mich über, ich bin jetzt mit allem einverstanden, was kommt und wann es kommt. Der Anfall gestern machte wieder überdeutlich, dass die Krankheit voranschreitet, auch wenn wir das manchmal ausblenden. Zum Mittagessen wärme ich ihm einen Rest vom Vortag auf und füttere ihn. Es schmeckt ihm, und er schaut wieder etwas wacher. Ich erzähle ihm von seinem Anfall, und dass wir uns sorgen. Er antwortet nicht. Dann lege ich eine CD für ihn auf, aber ich weiß nicht, was er wohl hören möchte, er äußert sich nämlich nicht. Ich wähle eine von den Beatles, aber nach einer Weile ist mir das zu anstrengend. Der Rhythmus und die Melodien sind mir zu heftig und zu schnell. Ich nehme dann lieber eine Kassette mit keltischer Harfenmusik.

Am Spätnachmittag entzünde ich die Kerzen am Baum und hole mir die Gitarre und die Noten für die Weihnachtslieder. Ich spiele das ganze Heft durch, manche Lieder kann ich singen, bei anderen bleiben mir die Töne und Worte im Hals stecken, dann summe ich nur oder spiele auch nur mit der Gitarre. Anschließend nehme ich auch alle anderen Noten, die ich habe und singe und spiele alles durch. Kalli mochte es früher so gern, wenn ich Musik gemacht habe, vielleicht hört er mich! Vielleicht kann er es genießen. Zwischendurch hole ich die Kamera, um noch ein paar Bilder von ihm zu machen, er sieht so friedlich aus. Manuel kommt dazu, und dann fotografiert er mich beim Gitarre spielen. Der Tag heute ist wunderbar friedlich, das tut mir gut nach den Anstrengungen von gestern. Die Hauptanstrengung gestern war wieder einmal vor allem die Angst und die Sorge, was kommt noch hinterher?! Auch wenn ich mir solche Gedanken meistens verbiete aus der Erfahrung heraus, dass es sehr Kräfte zehrend ist, kann ich es doch manchmal nicht ganz steuern. Glücklicherweise sind unsere Nächte sehr friedlich, da Kalli durch seinen erhöhten Hirndruck recht schläfrig ist und nachts gut schläft, was meinem Kräfteschöpfen über Nacht sehr gut bekommt. So bin ich am folgenden Morgen meistens gut erfrischt.

Heute wollen Michael und Ruth mit ihrer Tochter Luzia kommen, um uns den üblichen Weihnachtsbesuch abzustatten, aber natürlich auch, um uns überhaupt zu besuchen. Ich habe sie zum Mittagessen eingeladen, weil sie dann Kalli noch wach erleben können, denn wenn er erst im Bett liegt und seinen Mittagschlaf hält, wird es früher Abend, bis er vielleicht wieder wach zu kriegen ist. Wir essen zusammen, der Nachtisch schmeckt auch, wir sind guter Laune, und da vorgestern erst ein Anfall war, wird wohl sobald kein neuer sein. Nach dem Essen bringe ich ihn zur Toilette, und als ich ihn wieder zum Stehen bringen will, um seine Hosen hochzuziehen, wackelt sein rechtes Bein wieder so rhythmisch, Panik steigt in mir auf, ich rufe laut, dass mir jemand helfe. Manuel und Michael kommen schnell beide und bringen ihn mit vereinten Kräften ins Bett. Ich decke ihn zu und ahne, dass er vielleicht ab jetzt bettlägerig sein wird. Die Anstrengungen, die mit dem Aufstehen verbunden sind, sind zu groß. Es war schon schwer, ihn heute vor dem Mittagessen überhaupt aus dem Bett zu kriegen. Und jeder Anfall kostet ihn wahnsinnig viel Kraft. Am zweiten Feiertag hatte ich ihn schon im Bett gelassen, weil ich den Eindruck hatte, er müsse sich ausruhen.

Wir sitzen in der Küche und reden, das heißt, ich höre mehr zu, mit einem Ohr bin ich im Wohnzimmer bei Kalli. Elmar kommt vorbei und will sehen, wie es uns geht. Ich bin froh, dass immer wieder Menschen kommen und nachfragen und ein Weilchen mit uns leben und aushalten. Wir sind nicht allein. Wie viel Kalli davon mitbekommt, wage ich nicht zu sagen. Ganz langsam nimmt er manchmal Kontakt auf, auch spricht er die meisten mit dem richtigen Namen an. Aber am Gespräch beteiligen kann er sich nicht mehr.

Die Besucher gehen, sie wenden sich wieder dem Leben zu, denn hier bei uns geht das Leben zu Ende. Keiner weiß, wie lange es noch dauern wird, aber dass es sein wird, ist überdeutlich. Eine Weile bin ich allein, dann kommen die nächsten Besucher. Kalli schläft noch, aber das macht nichts, die Besucher kommen ja auch zu mir und den Kindern. Ich koche wieder Kaffee und erzähle, was sich über die Weihnachtstage ereignet hat. Das Anziehen wird jetzt schwieriger, aber Monika hat einen guten Tipp für mich: ein altes Oberhemd einfach anders herum anziehen, dann kann Kalli liegen bleiben. Alexa kommt noch, sie bleibt bis zum Abend. Ich erzähle ihr von meinen Bedenken, dass Kalli sich bald wund liegen wird, wenn er nicht mehr aufsteht. Ich müsse ihn oft genug umlagern und in der neuen Position jeweils gut abstützen. Dazu lässt sie mir spät am Abend noch durch Katharina ein Lagerungskissen bringen. Und eine Portion fertige Cannelloni bringt sie auch noch mit. Sie schmecken gut!

Umlagern ist etwa alle 3 Stunden nötig. Am Tage kann ich das gut schaffen, aber in der Nacht! Ich muss sehen, wie es klappen kann. Alexa will mich morgen für ein paar Stunden einladen.

Sonntag

Heute Abend wird Alfons kommen. Ich backe einen kleinen Fladen für unsere Messfeier. Das habe ich früher ganz oft gemacht. Fast immer, wenn in unserer Wohnung in Göttingen oder dann hier in Ebergötzen eine Tischmesse geplant war. Auch in Germershausen für den Ostergottesdienst oder für Johannas Erstkommunionfeier. Viele Erinnerungen kommen hoch, aber genau deshalb wollte ich auch diesmal einen backen. Die Eucharistiefeier hat unser gemeinsames Leben begleitet, und nun wird sie auch zu dem großen Abschied dazu gehören. Jeder Handgriff ist gleichzeitig Routine und doch unendlich schwer. Ich stelle wieder die Kassette mit der keltischen Harfenmusik an, sie gibt mir etwas innere Ruhe und dann räume ich ein wenig im Wohnzimmer auf. Für den Hocker, der uns als Tisch dienen soll, nähe ich sogar noch einen Bezug. Das Babyphon nehme ich mit in den zweiten Stock, damit ich hören kann, ob bei Kalli alles in Ordnung ist. Der Abstand, nicht nur der räumliche, wird immer größer. Ich registriere es, erschrecke darüber und will es gleichzeitig auch nicht mehr ändern. Zu lange leben wir schon mit dieser fürchterlichen Krankheit: meine Kräfte, nicht nur die körperlichen, lassen nach.

Während ich ihn mittags mit einer neuen Windel versorge, bekommt er wieder einen Krampfanfall. Damit ist für mich klar, dass ich diesen Nachmittag doch nicht mit Alexa verbringen kann und ich rufe sie an, um ihr abzusagen.

Kalli trinkt fast nichts mehr, auch essen fällt ihm schwer. Ich biete ihm ein wenig Joghurt an, und erzähle ihm, dass Alfons kommen wird, und dass wir eine gemeinsame Messfeier am Abend haben werden. Dann erwähne ich noch die Möglichkeit des Sakraments der Krankensalbung, wenn er das möchte. Ich weiß nicht, was er wirklich versteht von dem, was ich gerade erzählt habe, aber ich weiß, dass es mir gut tun wird, diesen Abend mit Alfons in der vorgesehenen Weise zu gestalten. In den vergangenen Monaten habe ich gelernt, dass ich auch mich selbst in den Blick nehmen muss, wenn ich weiterhin für meinen Mann und die Kinder sorgen will. Und ich will sorgen und mich um sie kümmern, und ich werde es weiterhin sehr allein tun müssen. Anders allein als bisher. Bis jetzt konnte ich mir ab und zu, wenn mich die Sehnsucht nach Nähe und Wärme überkam, beides noch holen: ich habe mich an meinen Mann geschmiegt und habe mir gesagt, noch ist er da. Das wird bald nicht mehr möglich sein, denn die Anzeichen des nahenden Todes sind überdeutlich. Durch die zunehmende Bettlägerigkeit sind seine Beine nicht mehr so gut durchblutet und haben eine dunklere und scheckigere Farbe angenommen. Seit ich das gesehen habe, ist mir klar, dass es bald sein wird. Ich bin bereit!

Den Kindern habe ich angeboten, die Tischmesse mit uns zu feiern, aber mir selbst ist es sehr recht, dass sie es nicht möchten, und ich frage auch nicht nach. Diese Stunden werden mir gehören.

Alfons kommt. Ich erzähle ihm von dem Gottesdienst im Klinikum, als ich mir sehr gewünscht hatte, dass Kalli das Angebot der Krankensalbung angenommen hätte. Aber auch, wie ich mir für mich einen solchen Segen erwünscht hatte. Er begrüßt Kalli und versucht dann, mit ihm zu klären, ob er sich das heute vorstellen kann für sich. Um die beiden nicht zu stören, gehe ich kurz zu den Kindern. Sie sind heute ganz entspannt und beschäftigen sich mit ihren Weihnachtsgeschenken. Nach einigen Minuten kehre ich wieder zu Kalli und Alfons zurück. Alfons meint, dass er Kallis Verhalten so deuten wolle, dass Kalli keine Krankensalbung haben möchte. Er könne mich und ihn aber segnen am Ende der Tischmesse. Wir setzen uns im Wohnzimmer neben Kallis Bett, in dem er scheinbar teilnahmslos liegt. Die Augen sind leicht geöffnet, ob er wirklich seine Umgebung wahrnimmt, ist nicht zu erkennen. Unser Gespräch gleitet langsam von den aktuellen Begebenheiten, die drohend die Zukunft erahnen lassen, zu den Zeiten, als Kalli und ich uns kennen lernten. Die ersten Treffen, die Aufregungen, die Liebe, die jeweils andere Geschichte von der Herkunftsfamilie! Dann die gemeinsame Geschichte, die Jugendarbeit in der Pfarrei, später die Gemeindearbeit in der Studentengemeinde. Recht bald starb Kallis Mutter. Ein Jahr später war mein Staatsexamen und im Herbst dann unser großes Fest, die Hochzeit. Wir haben ein Haus gekauft und nach unseren Bedürfnissen umgebaut. Nach und nach kamen die Kinder, Kallis Vater starb zwischendurch nach eineinhalbjähriger Pflegebedürftigkeit. Diese Bilder steigen in mir auf und ein Gefühl großer Dankbarkeit kommt über mich. Unser gemeinsamer Weg, der auch nicht immer ohne Konflikte war, ging aber immer gemeinsam weiter. Wir hatten auch Hilfe dabei! In vielen Seminaren in der Bildungsstätte lernten wir, besser miteinander zu kommunizieren, die Welt mit den Augen des Partners zu sehen, sich einzufühlen. Aber auch das für das eigene Leben Wichtige zu bewahren.

Unsere gemeinsamen Urlaube fallen mir ein, die viel Familienleben gebracht haben. Der Spaß, den wir oft miteinander hatten, wenn die ganze Familie zusammen war. Onkel und Tante hatten wir bei vielen Urlaubsfahrten auch mit.

Dann irgendwann meine Entscheidung, nicht berufstätig zu sein trotz Studium, weil mir die Erziehung und das Geborgenheitsgefühl der Kinder sehr wichtig waren. Unser Engagement im Dorf, in der Schule, bei Freunden.

Ich sehe unser gemeinsames Leben wie einen Film vor mir ablaufen, Tränen steigen auf und laufen mir über das Gesicht. Ich weiß, dieses gemeinsame Leben ist vorbei. Ich muss es loslassen, es verabschieden. Es tut so weh! Alfons sitzt die ganze Zeit dabei, ich erzähle das alles ihm, gleichzeitig aber auch Kalli, in der Hoffnung, dass er es auch noch hört. Dass diese vielen positiven Erlebnisse und meine Dankbarkeit ihm gegenüber ihn noch erreichen. Diese Krankheit ist so ungerecht, so widerlich, die ganze Auflehnung ist umsonst.

Hoffnung! Viele sagen mir, ich dürfe die Hoffnung nicht aufgeben. Aber worauf soll ich hoffen?! Meine Hoffnung stirbt hier bald vor meinen Augen! Die Leute wissen gar nicht, was sie da sagen, meine Resignation ist riesengroß. Alfons meint dazu, dass mein eigenes Leben ja weitergehe. Dazu fällt mir ein: „Es ward Abend, es ward Morgen, nächster Tag"!!

Mein religiöses Leben kommt zur Sprache, ich versuche mich festzuhalten an bisher mich haltenden Texten und Riten. Aber ich ahne oder weiß sogar schon, dass auch hier andere Zeiten kommen werden. Eigene Worte fallen mir schon lange nicht mehr ein, ich suche nach welchen, in denen ich meine Seele wiederfinden kann. Auch das konnte ich oft mit meinem Mann besprechen. Vieles haben wir zusammen getragen und ertragen.

Ich bin fertig, leer, bereit! Wozu?!
Das Brot liegt auf dem Tisch in einer Schale, Alfons holt seinen kleinen Koffer mit dem Kelch und dem Wein. Er spricht die Wandlungsworte und dann teilen wir Brot und Wein. Das Brot kaut Kalli ganz langsam, von dem Wein gebe ich ihm nur ein kleines Schlückchen, da er sich seit einigen Tagen bei Flüssigkeiten sehr leicht verschluckt. Innerlich werde ich ruhiger. Ich spüre immer stärker, dass ich Kalli loslassen kann und muss und will, denn der nahende Tod ist überdeutlich. Jede Minute, jede Stunde, jeder Tag ist eigentlich davon bestimmt, dass wir warten. Die Kinder genauso wie ich.

Ich sitze auf dem Sofa, Alfons stellt sich vor mich und legt mir beide Hände auf den Kopf. Dann spricht er ein Gebet, in dem er meine Situation in wenigen Worten zusammenfasst und für die nächste Zeit um Kraft für mich bittet. Ich erinnere mich an den Segen während unserer Hochzeitsfeier: Ich hatte Nicki auf dem Arm, und Günther legte eine Hand auf meinen Kopf, die andere auf Kallis und sprach über unsere kleine Familie den Segen. Wie anders ist die Situation jetzt. Der Segen soll mich bei den ersten Schritten des Alleinseins stützen. Und es stimmte. Jahrelang habe ich mich an diesen Abend erinnert, wenn es mir ganz schlecht ging.
Anschließend wendet er sich Kalli zu, legt auch ihm die Hände auf den Kopf und betet für ihn. Ich bin sehr bewegt, weine und weiß gleichzeitig, ich kann nichts tun, um diese Situation zu ändern, ich kann sie nur aushalten. Und der Schmerz ist auch ein körperlicher. Im Bauch, in der Herzgegend und im Rücken spüre ich Verkrampfungen wie so häufig. Einzig mit autogenem Training kann ich das bewältigen.
Alfons verabschiedet sich. Ich bin ihm zutiefst dankbar für sein Kommen und für die Gestaltung dieses Abends. Aber viel mehr noch für sein Dabeisitzen und Aushalten der Situation mit mir zusammen. Eine große Ruhe erfasst mich, ich setze mich wieder neben meinen Mann und lasse die letzten Stunden noch einmal an meinem inneren Auge vorbei ziehen.

Montag

Heute muss ich in die Orthopädische Praxis, damit die Fäden gezogen werden. Es sind Ferien, also brauche ich nicht zu organisieren, die Kinder sind zu Hause. Es dauert auch nicht allzu lange, da sind wir wieder zurück. Die Wunde sieht gut aus, ich habe einen neuen strammen Verband bekommen und darf wieder normal belasten, außer sehr Schweres heben. Ich bin sehr froh, dass das alles so schnell ging, fühle ich mich doch jetzt wieder fähig, alle anstehenden Aufgaben zu bewältigen. Und die Fortentwicklung der Krankheit in den letzten zwei Wochen zeigt mir, dass es gut war, wie ich mich entschieden habe.

Besuch ist da: Anne aus der Küche der Bildungsstätte. Ihr Geburtstag im Mai war das letzte unbefangene Fest, das wir gefeiert hatten. In der darauf folgenden Nacht ging es los. Anne ist ganz erschüttert und verabschiedet sich bald. Dann kommt Helga mit ihrem Schwiegersohn. Helgas Mann, Gerd, ist vor einem halben Jahr so plötzlich gestorben. Wir sitzen an Kallis Bett, und Helga erzählt von Weihnachten und vom Geschäft. Wie es jetzt ohne Gerd weitergeht. Ihre Tochter, die auch diesen Beruf gelernt hat, hat den Betrieb übernommen und muss sich in die Selbständigkeit einarbeiten und sehen, wie sie klarkommt. Es ist schwer für sie alle. Als sie nach einer Stunde sich verabschieden wollen, meint Kalli plötzlich sehr wach, wer denn auf sie warten würde! Wir schauen uns an und sind ganz betroffen: Kalli redet fast nichts mehr, hat die Augen auch oft geschlossen und dann kommt so ein deutlicher Satz! Sie gehen und für eine Weile kehrt Ruhe ein bei uns. Die Hausärztin kommt zum Routinebesuch. Als ich ihr erzähle, dass wieder Anfälle in der letzten Woche waren und dass Kalli jetzt nicht mehr aus dem Bett zu kriegen ist, verschreibt sie eine Dekubitusmatratze. Jonathan ist sehr erkältet und ich bitte sie, ihn auch zu untersuchen. Sie nimmt sich viel Zeit und untersucht ihn gründlich, anschließend verschreibt sie einige Medikamente. Dann sage ich, dass sie jetzt wohl auch etwas für mich tun müsse, ich wisse ja nicht, wie lange das noch so weiterginge, und ich hätte keine Kraft mehr. Sehr ernst und konzentriert schaut sie mich an. Dann meint sie, da ich zurzeit nicht ausreichend ins Freie käme, würde sie mir empfehlen, mich in der Praxis regelmäßig vor den Lichtkasten zu setzen. Das sei gut antidepressiv wirksam. Ich bin einverstanden und kann am nächsten Tag das erste Mal kommen. Es dauert jeweils eine halbe Stunde, und eins der Kinder wird dann zu Hause sein, um den Vater zu bewachen.

Gegen Abend wird Kalli unruhiger und ich vermute, dass er Stuhlgang muss. Ich hole den Krankenstuhl ins Wohnzimmer, aber als ich ihn darauf setzen will, fällt er mir fast in die Arme: das geht also nicht. Ich lege ihn auf die Seite in sein Bett mit angezogenen Knien, lasse die Hose unten und warte. Eine beschichtete Folie habe ich untergelegt, es kann also eigentlich nicht viel passieren. Und wirklich, nach einer Weile hat er sein Problem bewältigt. Johanna kommt gerade dazu und meint zu mir: „Was du kannst, Mama!" Nachdem alles wieder aufgeräumt und sauber ist, bin ich erleichtert: auch für dieses Problem habe ich eine Lösung gefunden. Manche Lösungen entwickeln sich erst mit dem Problem.

Später am Abend ruft eine Bekannte an, ich erzähle, wie es uns geht und wie weit Kalli schon von uns weg scheint. Im weiteren Verlauf des Gespräches gebraucht sie die Formulierung, ich manage das Sterben meines Mannes. Sehr verletzt weise ich das von mir, aber gleichzeitig weiß ich doch, dass es stimmt. Was soll ich auch machen?! Es geht doch nur so! Ich will den Besucherstrom etwas regulieren, weil einerseits Kalli überfordert wäre und weil zweitens ich auch auf diese Weise manche Besuche für mich nutzen kann. Und außerdem konnte Kalli schon ziemlich bald nach Ausbruch der Krankheit seine Angelegenheiten nicht mehr regeln. Wie sollte es denn sonst gehen?! Sie will uns am Samstag besuchen, nachdem ich ihr Mut gemacht habe.

Wie so manche unserer Freunde hat sie Angst, sich dem Sterben zu nähern. Wir stehen so unmittelbar daneben, dass einzig das, was getan werden muss, zählt.

Ich stehe mit dem Telefonhörer im Badezimmer vor dem Spiegel und schaue mir beim Sprechen zu. Ich will diese Telefonate nicht in Kallis Gegenwart führen, also gehe ich aus dem Wohnzimmer. Im Treppenhaus ist es mir zu kalt, so bleibt das Badezimmer. Diese Frau im Spiegel, bin das ich? Ich habe mich verändert, das Gesicht ist schmaler geworden, die Augen drücken viel mehr Ernst aus, und gelegentlich laufen mir Tränen über die Wangen, von denen ich beinah nichts weiß. Manchmal setze ich mich auf den Badewannenrand, aber dann wird mir schnell kalt. Also stelle ich mich hin und schaue wieder in den Spiegel.

Dienstag

Ich stehe früh auf und mache meine gymnastischen Übungen, natürlich noch vorsichtig, aber es klappt schon wieder ganz gut.

Im Laufe des Vormittags kommt vom Sanitätshaus jemand und bringt die Auflage für die Matratze mit dem Motor. Zuerst wird Luft in die verschiedenen Kammern gepumpt, dann wird in bestimmten Abständen die Luft umgepumpt, damit immer wieder neue Körperstellen durch die Luft unterpolstert werden und so die Gefahr des Wundliegens reduziert wird. Der Motor brummt wie eine Aquariumpumpe. Manuel hatte vor einigen Jahren eine Zeit lang ein kleines

Aquarium in seinem Zimmer. Erinnerungen an freundlichere Zeiten überschwemmen mich. Unser Wohnzimmer wird immer mehr zum Krankenzimmer, auch daran gewöhnen wir uns. Allerdings habe ich auch immer stärker das Gefühl, im Zentrum eines Wirbelsturms zu stehen: Alles dreht sich mit einer gewaltigen Geschwindigkeit, dass ich mit meinen Augen nicht folgen kann. Aber da, wo ich stehe, ist Ruhe.

Zusätzlich zu den Aktivitäten der Matratze lagere ich Kalli regelmäßig um und stütze ihn mit Kissen, denn ich weiß, wie schnell das Wundliegen geschehen kann. Er bewegt sich selbständig überhaupt nicht mehr in seinem Bett und gibt auch nicht mehr zu erkennen, ob ihm etwas unangenehm ist oder ob es ihn freut. Und so bemühe ich mich, mich immer stärker in ihn einzufühlen. Ich möchte ihm nicht wehtun, es soll angenehm sein für ihn.

Heute Nachmittag kommen Tante Anni und Onkel Benno wieder mit ihrem Sohn Gerhard. Ich spüre ihren Willen, uns zu unterstützen. Wir sitzen im Wohnzimmer beim Weihnachtsbaum und an Kallis Bett. Kaffee und Plätzchen auf dem Tisch, es ist die Zeit der heiligen zwölf Nächte. Diese Zeit habe ich als Kind immer sehr geliebt, sie war so zeitlos. Später habe ich dann ein wunderschönes Buch gefunden, das ich meinen Kindern in dieser Zeit vorgelesen habe. Und jetzt?! Es klingelt, und ein Freund aus der Studentenzeit kommt. Gleichzeitig ist er auch seit einigen Jahren Mitarbeiter in der Firma, in der Kalli arbeitet. Wir haben vor ein paar Tagen telefoniert, und ich habe ihm gesagt, dass er uns gern besuchen kann. Wir zünden die Kerzen am Tannenbaum an und erzählen. Ab und zu hat Kalli die Augen auf, ich denke, dass er gut mitbekommt, was sich hier abspielt, aber er sagt nichts. Michael bleibt lange an diesem Abend, er zeigt uns Bilder von seiner Familie und vom Haus. So haben wir das auch gemacht, alles und jedes erinnert mich an unsere guten Zeiten, und es schmerzt sehr. Spät fährt er wieder, und jetzt liege ich im Bett, achte auf Kallis Atem und wünsche und fürchte gleichzeitig, dass es bald vorbei sein möge.

Morgen ist Sylvester! Dieses Jahr geht zu Ende, das nächste werde ich wohl ohne meinen Mann zu Ende bringen müssen.

Sylvester

Wir leben die Zeitlosigkeit. Es gibt keine Termine. Das, was sich demnächst ereignen soll, wird sich ereignen, ganz ohne Termin oder Kalender. Ich werde immer ruhiger und kann dem Unabänderlichen immer besser entgegengehen, auch wenn ich jetzt den Schmerz ganz stark spüre. Aber ich weiß, es bleibt mir keine Wahl.

Heute ist Sylvester, und ich habe die Kinder bestärkt, mit ihren Freunden den Sylvesterabend so zu begehen, wie sie es gerne möchten. Sie haben schon so viele schwere Stunden gehabt, dass ich es gut finde, wenn sie den heutigen Abend ein wenig ihren Spaß haben und abschalten können. So haben sie sich für heute Abend auch alle verabredet mit Freunden. Darüber bin ich sehr froh. Gleichzeitig bin ich entlastet, den Abend irgendwie gestalten zu müssen. Dazu fehlt mir die Kraft. Die brauche ich jetzt, um von Tag zu Tag zu kommen.

Am frühen Nachmittag kommt Alfons aus dem Kloster kurz vorbei, um sich für ein paar Tage abzumelden. Er wird seine Familie in Süddeutschland besuchen. Für den Notfall gibt er mir eine Telefonnummer, unter der er erreichbar ist, falls wir ihn brauchen. Es gibt nicht mehr viel zu sagen, Kalli schläft viel. Ich erinnere mich und Alfons an die Eucharistiefeier hier bei uns vor drei Tagen. Das war so intensiv, so packend, gleichzeitig aber auch so abschließend, dass ich im Moment keine Worte mehr habe.

Ich setze mich wieder an Kallis Bett, lege meine Beine hoch und warte. Bilder steigen in mir auf, mögliche Bilder von unserem Leben hinterher. Nach seinem Tod. Unser Leben hier im Haus, das er so gern gestaltet hat. Ebenso der Garten, der ihm neben der Familie sehr wichtig war. Da werde ich mich allein drum kümmern müssen. Die Kinder! Die Kinder werden ohne ihren Vater auskommen müssen. Es stürmen so viele Bilder auf mich ein, dass ich es mir verbieten muss. Und es gibt so vieles, was ich ihn nicht mehr fragen kann, was ich allein entscheiden muss, was er nicht mehr miterleben wird! Diese Fülle tut zu weh und macht Angst. Ich entzünde ein paar Kerzen, hole Obst ins Wohnzimmer und räume ein bisschen auf. Für Kalli bereite ich ein Joghurt mit seinen Medikamenten vor und füttere ihn ein wenig. Er isst nur ein paar Löffel, aber so bekommt er ein bisschen Flüssigkeit zusätzlich. Saft biete ich ihm schon seit Tagen mit einem Strohhalm an, damit kann er besser trinken. Trotzdem verschluckt er sich leicht. Meistens hat er die Augen zu. Auch wenn ich ihn anspreche, öffnet er sie nicht immer. Meistens nickt er ganz langsam, wenn er „Ja" meint, oder er dreht den Kopf gerade merkbar zur Seite, wenn er etwas nicht will.

Es wird langsam dunkel draußen, das alte Jahr neigt sich dem Ende zu, aber ich darf nicht nachdenken. So viele schöne Sylvestertage fallen mir ein. Manche schon auch mit den gelegentlichen Befürchtungen, was das Neue Jahr wohl bringen werde. Aber bisher war immer die Gewissheit da, dass wir zu zweit sind, und zu zweit werden wir es schaffen. Das ist dieses Mal anders! Sehr anders! Dieses Neue Jahr wird mich zur Witwe machen! Wie lange wird es noch dauern?

Ulrich hat vor ein paar Tagen angerufen, er will uns besuchen. Es bleibt nur der heutige frühe Abend und gegen 18 Uhr will er kommen. Es wird etwas später und ich werde ungeduldig. Ich sehne mich nach der Entspannung, die Besuch fast immer bedeutet. Gegen 19 Uhr ist er da. Ich bringe ihn ins Wohnzimmer an Kallis Bett. Er ist sehr betroffen, als er sieht, wie schlecht es Kalli geht. Er sagt erst einmal gar nichts und setzt sich auf den Sessel, der neben dem Bett steht. Er versucht Kontakt zu Kalli aufzunehmen, aber es kommt kaum eine Reaktion. Ich biete ihm Mandarinen an und schaue zu, wie er eine in aller Ruhe schält und dann die einzelnen Spalten sorgfältig voneinander trennt, die Fäserchen absucht und anschließend eine Spalte nach der anderen isst. In Erinnerung an die vielen Seminare, die wir mit ihm als Leiter erlebt haben, fällt mir dazu die Formulierung ein: er sorgt für sich. Deutlicher hätte er mir seine Erschütterung in Worten auch nicht mitteilen können. Als er fertig ist, erzähle ich von den letzten Tagen, von den Anfällen, von meiner Operation und von Weihnachten. Durch die Verletzung und anschließende Operation war ich ja gezwungen, mich noch stärker im direkten Umkreis von Kalli aufzuhalten, und so gab es fast keine Möglichkeit der Ablenkung, um dem Geschehen und den Bildern auszuweichen.

Die Zukunft der Kinder und meine Zukunft kann ich mir im Augenblick überhaupt nicht vorstellen, aber Ulrich meint, dass ich so, wie ich die vergangenen 7 Monate angegangen sei, auch das schaffen würde, was danach anstehe. Das klingt für mich wie eine sichernde Zusage, ein Zuspruch. Auch wie eine Bestätigung für unseren Weg in diesen Monaten. Jahrelang hat mich dieser Satz immer wieder getragen.

Nach einer guten Stunde verabschiedet sich Ulrich und fährt zurück ins Kloster, um mit seinen Mitbrüdern den Sylvesterabend zu verbringen.

Johanna will zu ihren Freunden fahren und tritt ans Bett und sagt: " Tschüß Papa!" Wie selbstverständlich antwortet Kalli: "Tschüß Johanna"! Wir beide schauen uns an, die Stimme klingt so normal wie früher. Wenn wir nicht beide sähen, dass er todkrank im Bett liegt, könnten wir die letzten Monate beinah vergessen. Dann ist es aber auch schon wieder vorbei, mehr kommt nicht von ihm. Ich wünsche Johanna einen schönen Abend, wir umarmen uns, dann fährt sie. Das Herz ist mir schwer, sie wird im kommenden Jahr Abitur machen. Mit den letzten Monaten im Herz und im Kopf ist das nicht leicht.

Manuel hilft mir noch, Kalli für die Nacht fertig zu machen. Er hat doch viel Kraft, und das Umbetten mit ihm zusammen ist nicht so anstrengend für mich. Dann geht auch er, um mit Freunden den Abend zu verbringen. Er ist in den letzten Monaten über sein Alter hinaus vernünftig geworden, seine Kindheit ist abrupt zu Ende gegangen.

Nicole ist schon am späten Nachmittag zu einer Freundin gefahren, und Jonathan wird heute Abend in unserer Scheune mit ein paar Freunden feiern, vielleicht aber auch im Dorf bei ihnen sein.

Jetzt bin ich mit Kalli allein. Ich mache mir wieder Musik an, hole mir etwas zu trinken und setze mich an sein Bett. Es gibt nichts zu tun, wieder und wieder steigen die Bilder der anderen Sylvesterabende auf. Ungewissheit über die Zukunft hat mich schon immer nicht so ganz entspannt feiern lassen, ich weiß einfach, wie viel in ein paar Stunden passieren kann. Aber an der Seite meines Mannes habe ich viel Zutrauen auch in die Zukunft gelernt. Und wo ist das jetzt? ‚Es ward Abend, es ward Morgen, ein neuer Tag!' Auch dies ein Satz, der mich in den nächsten Wochen, Monaten und Jahren aufrecht hält.

Etwas später hole ich die Kalender, und wie in jedem Jahr, hänge ich die neuen Kalender an die ihnen bestimmten Stellen. Das ist auch einer von den Riten, die ein paar Minuten lang das Weiterleben regeln. In denen ich mal nicht nachdenken muss!

Das Telefon klingelt, Gundel ist am anderen Ende. Sie ist eine ehemalige Arbeitskollegin von Kalli. Im September war sie das letzte Mal bei uns. Nun will sie hören, wie es uns geht. Sie ist selbst nicht gesund und kann nicht mehr Auto fahren. Gegenseitig erinnern wir uns an frühere Zeiten, als sie noch aktiv war und uns auch ziemlich regelmäßig besucht hatte. Im Herbst half sie häufig bei der Karottenernte. Dabei erzählte sie aus ihrer Jugend in Berlin. Die Kinder und wir hörten gerne und aufmerksam zu. Abends, wenn die Kinder im Bett waren, schälten wir gemeinsam die Karotten, bis alles fertig war, tranken ein Glas Wein dazu und erzählten weiter. Diese Erinnerungen kommen uns beiden, und wir trinken am Telefon jede ein Glas Sekt auf das neue Jahr. Sie wird bald schlafen, und ich gehe auch gleich ins Bett, denn bis Mitternacht möchte ich nicht warten.

Ich kann heute Nacht nicht auf die Straße gehen und Hände schütteln. Was soll ich sagen? Vor allem, was sollen die Leute mir sagen?! „Ein Gutes Neues Jahr" kann ich heute nicht hören! Es wird nicht gut werden, mein Mann wird sterben! Vielleicht morgen? Vielleicht übermorgen? Ich mache mich schnell fertig, lösche das Licht und bin eine Viertelstunde vor Mitternacht im Bett. Schlafen kann ich natürlich nicht so schnell und so höre ich die ersten Knaller und Raketen in den Himmel steigen.

Wie lange noch? Es gibt keine Besserung, eine erkennbare Kommunikation existiert nicht mehr, meine Kräfte sind weg. Ich fürchte mich vor dem Neubeginn, gleichzeitig sehne ich ihn herbei. Aushalten, aushalten, aushalten!

Aber ziemlich schnell bin ich dann doch eingeschlafen.

Januar '98

1. Januar

Der Tag beginnt, das Licht weckt mich. Ich trainiere vorsichtig meinen Körper mit meinen Gymnastikübungen. Das eiserne Festhalten an diesem Programm schiebt mich in den Tag. Gleichzeitig überlege ich die Planung für den heutigen Tag: Kirstin aus der Heide wird mit zweien ihrer Kinder kommen. Im Wohnzimmer will ich Staub saugen und Kallis Bett neu beziehen. Als erstes bekommt er, wie jeden Morgen, seine Spritze. Liebevoll und gleichzeitig erschöpft mache ich mich ans Werk. Er nimmt es hin, reagiert kaum. Dann mixe ich die Tabletten in seinen Joghurt, bestreiche eine halbe Scheibe Brot mit Marmelade und versuche, ihn zu füttern. Er nimmt die Bröckchen, kaut sie ganz langsam und schluckt sie auch. Die letzten zwei will er nicht mehr. Er dreht den Kopf ganz wenig zur Seite, ich spüre es mehr, als dass ich es sehe. Etwas später löffele ich ihm die Joghurtmixtur in den Mund. Er nimmt alles, und so hat er für diesen Vormittag auch seine Medikamente. Waschen, windeln, das Bett beziehen, nebenbei merke ich, dass ihn der Stuhlgang drückt. Auch da weiß ich nun, wie ich es anstellen muss, und nach einer halben Stunde ist alles erledigt. Immer wieder kommen mir die Bilder in den Kopf aus der Zeit, als wir uns kennen lernten. Kalli war fröhlich, verantwortungsvoll und auf die Zukunft bedacht. Und jetzt?! Es tut zu weh, ich muss aufhören mit diesem Denken an frühere Zeiten. Aber immer wieder kommen diese Erinnerungen.

Kalli liegt nun wieder in seinem Bett, ich hole den Staubsauger und sauge den Fußboden. Dafür muss ich das Bett verschieben. Kalli kommt mir vor wie auf einer Insel. Um ihn herum ist Leben und Bewegung, aber ihn berührt das alles nicht mehr. Der Staubsauger ist laut, ich denke mir, dass er auch für ihn zu laut ist, und so beeile ich mich. Andererseits versagt mein Einfühlungsvermögen, da überhaupt keine Rückmeldung auf irgendein Verhalten zu spüren ist.

Michael aus dem Dorf kommt mit seinen beiden kleinen Söhnen vorbei, um uns ein gutes Neues Jahr zu wünschen. Die hellen Kinderstimmchen kommen bei Kalli an. Er öffnet die Augen und hält sie eine ganze Zeit offen, schaut zu den Kindern hin, auch wenn ihm das sehr schwer fällt, da der Kopf und der Nacken durch die Cortisontherapie sehr dick und unbeweglich sind. Die Augen fallen ihm wieder zu. Monate später erzählt mir der Vater, dass der ältere der beiden Jungen auf dem Nachhauseweg gesagt habe: Der Kalli lebt nicht mehr, der Kalli ist tot.

Irgendwann nachmittags trifft unser Besuch ein. Besuch ist eigentlich ein falsches Wort, Überlebenshilfe passt besser. Sie sind sehr erschrocken, als sie Kalli in seinem Bett so apathisch liegen sehen. Wir haben uns in den letzten beiden Wochen an diese Realität gewöhnt, aber für die, die ihn neu so sehen, muss das sehr bedrückend sein.

Nach dem Abendessen sitzen wir zusammen und spielen, dann gehen die Kinder ihrer Wege, und Kirstin und ich sitzen und schweigen. Es gibt einfach nichts zu sagen. Jedes Wort wäre zuviel. Und Trost gibt es sowieso nicht.

2. Januar

Ich wache gegen 5 Uhr früh auf, weil sein Atem so schwer geht. Außerdem versucht er immer wieder abzuhusten. Das hört sich quälend an. Ich stelle die Rückenlehne seines Bettes sehr steil und reibe und klopfe ihm mit Frantzbranntwein den Rücken ab.

Dann will ich ihm etwas Saft geben, aber dabei verschluckt er sich sehr. Joghurt kann ich ihm gut füttern, der fließt nicht so schnell. Ich mache ihm ein halbes Brot zurecht, aber er nimmt davon nichts. Manuel und ich, wir haben einen Termin in der Praxis der Hausärztin. Er, wegen seines Blutdrucks. Der ist für einen 16jährigen zu hoch. Er kriegt ein 24 Stunden Messgerät. Ich fahre in die Praxis, weil ich mich eine halbe Stunde vor den Lichtkasten setzen soll. Das hilft bei Lichtmangel etwas gegen Depression. Diese kurze Unterbrechung ist wie das Eintauchen in eine andere Welt. Ich kann es gar nicht fassen, dass das Leben für andere einfach so weitergeht. Am liebsten möchte ich allen sagen, dass mein Mann im Sterben liegt. Aber ich weiß, dass ich bei dem ersten Wort sofort in Tränen ausbrechen würde.

Wir kommen wieder nach Hause und ich registriere, dass die Atmung sich den ganzen Vormittag nicht verändert hat, und so rufe ich um 13 Uhr in der Praxis an und bitte um einen Hausbesuch. Vielleicht kann ihm beim Atmen geholfen werden mit Absaugen oder einem Atemgerät? Gegen 15 Uhr kommt die Hausärztin. Ich erzähle ihr von dem Vormittag und äußere meine Gedanken zur Atemhilfe.

Sie schaut mich sehr ernst an und meint, ja, das könne man machen: Sauerstoff und Beatmungsgerät. In dem Moment wird mir klar, dass nun wieder eine Entscheidung ansteht: Erweiterte Pflege? Das Sterben hinausschieben? Genau das wollen wir nicht! Mit den Kindern habe ich schon oft darüber gesprochen und in den letzten Wochen ist uns immer deutlicher geworden, dass Kallis Leben zu Ende geht. Dass keine Macht der Welt ihn uns erhalten kann und dass die künstliche Beatmung mit Sauerstoff ihn vielleicht ein paar Tage oder auch eine Woche am Sterben hindern wird, ihm aber nicht zum Leben verhelfen kann. So sage ich ihr, dass die Familie sich einig ist. Sie sieht erleichtert aus. Sie kann ihm zwar die Mühe beim Atmen nicht nehmen, aber sie kann ihn doch durch Medikamente etwas ruhig stellen, dass ihn die schwierige Atmung nicht so sehr belastet und unruhig werden lässt. Sie zieht ein Medikament in einer Spritze auf und gibt es ihm in den Oberschenkel. Seine Beine sind ganz dunkel, wie Marmor so scheckig und kalt. Auch das ist ein Zeichen, dass das Ende bald nahe ist. Sie sagt noch, dass sie am Abend gegen 22 Uhr wieder da sein werde, um die nächste Spritze zu setzen. Ich bringe sie zur Haustür und danke ihr für die offenen Worte.

Reiner und Afra kommen aus Bernshausen mit ihrem kleinen Sohn. Sie wollen morgen in Afras Heimat nach Bayern fahren und ein paar Tage dort verbringen. Sie ahnen, dass es ein Abschied für immer von Kalli sein wird. Der Kleine quietscht ganz fidel, aber heute ist Kalli weit weg, er reagiert nicht mehr auf das Kind. Bald verabschieden sie sich. Dann rufe ich Kallis Schwestern an und teile ihnen mit, dass es ihm sehr schlecht gehe, und wenn sie ihn noch einmal sehen möchten, dass sie dann bald kommen müssten.

Die Hausärztin ruft an, sie wolle mir noch sagen, dass das Gehör als letzter Sinn ausfallen würde, und ich könne ihm noch viel erzählen und vorsingen, einiges käme bestimmt noch durch. Das habe sie vorhin vergessen. Ich bin ganz gerührt und froh über diesen Anruf.

Als meine Schwägerin kommt, trinken wir Kaffee in der Küche und gehen dann zusammen an Kallis Bett. Ich richte seine Kissen und die Rolle, Bärbel fasst mit an, und als wir zurück in der Küche sind, fängt sie an, vom Tod ihres Mannes zu erzählen. Da kann ich mich nicht beherrschen und sage ihr, dass ich nun meine eigene Geschichte habe und dass mich ihre von ihrem Mann und ihrem Sohn jetzt nicht interessieren. Ich will nur raus, nehme die Milchkanne und fliehe zu Ilona in den Kuhstall. Wir brauchen auch morgen wieder Milch, und ich einen Ort zum Abschalten. Die Kühe haben etwas Beruhigendes und Beständiges. Sie schauen und kauen. Dazu das gleichförmige Brummen der Milchpumpe und der Kühlung. Ilona macht eine kurze Pause, und ich erzähle ihr von meinem Besuch. Ich bleibe so lange, wie ich meine, es mir leisten zu können. Die Kühe sind bald fertig gemolken, und es ist schon ganz dunkel draußen. Ich will nicht zurück!

Als ich ins Haus komme, kommt mir Bärbel entgegen, um sich zu verabschieden.

Die andere Schwägerin ruft an, dass sie am Samstagvormittag kommen könne.

Ich setze mich an Kallis Bett und denke.

Ursprünglich wollte Kirstin heute wieder nach Hause fahren, aber sie ruft bei Peter an und erklärt ihm, dass sie noch bleibe, weil das Ende von Kallis Leben bevorstehe. Dann kocht sie für uns alle Nudeln zum Abendessen.

Mechanisch schieben wir die Nudeln in uns rein, keiner hat Appetit, aber wir essen alle etwas. Die Kinder gehen nach oben, Johanna fährt nach Germershausen in die Bildungsstätte, dort findet eine Teeny-Freizeit statt. Sie wird dort Freunde treffen und will nachher wieder kommen. Ich setze mich neben Kallis Bett und schaue ihn an. Ich weiß, jetzt sind seine letzten Stunden angebrochen, wie lange sie dauern werden, wissen wir nicht. Der Anruf der Ärztin fällt mir wieder ein, und ich hole mir die Gitarre und singe all die Lieder, die uns in den letzten Jahren begleitet haben, noch einmal durch. Meinen Schmerz spüre ich jetzt beinah gar nicht, ich will ihm nur noch den Übergang erleichtern, dass er mit schönen Erinnerungen und Gefühlen von uns geht. Einerseits wissen wir seit Monaten, dass dieser Moment auf uns zukommen würde, andererseits ist diese Situation so unwirklich, dass mir stellenweise fast die Luft wegbleibt, die ich doch zum Singen brauche. Manchmal spielt die Gitarre fast alleine, ich kann die Texte von Hoffnung und Zuversicht nicht singen. Ein Blatt nach dem anderen nehme ich mir aber vor, und mein aufgewühltes Inneres wird wieder ein bisschen ruhiger. Ilona kommt, weil sie mich unterstützen möchte, Kirstin ist auch wieder hier unten. Johanna kommt aus Germershausen zurück. Und gegen 22 Uhr kommt die Hausärztin wieder, um Kalli die nächste Spritze zu geben. Kalli ist sehr weit weg, ich decke sein Bein auf und sage ihm, dass er nun eine Spritze bekomme. Anschließend schiebt die Ärztin die Bettdecke wieder über ihn und äußert sich bewundernd und zufrieden über die friedliche, entspannte Stimmung unserer Runde. Ich begleite sie auf den Hof bis zu ihrem Auto. Sie sagt mir, dass sie in der Nacht gegen 4 Uhr wieder angerufen werden möchte, falls die Atmung so bliebe, aber sie denke, dass es vorher zu Ende gehe. Dann brauche ich sie erst am nächsten Morgen anzurufen.

Ich gehe wieder ins Haus und sage meinen Kindern und Kirstin und Ilona, was mir die Ärztin eben mitgeteilt hat. Den Kindern stelle ich frei, ob sie dabei bleiben wollen oder Dinge tun wollen, die ihnen gut tun würden. Diese Situation ist so ungeheuerlich, dafür gibt es keine Regeln. Ich wünsche mir nur, dass sie es einigermaßen frei für sich entscheiden können.

Nacheinander verabschieden sie sich von ihrem Vater. Ich kann es fast nicht mit ansehen. Mein Mann, der seine Kinder so geliebt hat und alles für sie tun wollte, liegt da und geht aus dem Leben, wo ihn seine Kinder doch noch so dringend brauchten. Sie drücken ihn ein letztes Mal und geben ihm einen Kuss in der Hoffnung, dass er es vielleicht doch hört und spürt. Auch Kirstin und ihre Kinder verabschieden sich von Kalli. Ilona ist zwischendurch nach Hause gegangen, jetzt kommt sie mit Katja wieder, um Kalli auch ein letztes Mal zu sehen und ihm einen Gruß mit zu geben. Katja ist oft bei uns, war mehrmals mit uns in den Sommerferien unterwegs. Sie verliert einen väterlichen Freund. Ilona umarmt mich an der Tür und sagt, dass ich sie anrufen könne, wenn Kalli gestorben sei. Auch wenn es mitten in der Nacht wäre. Dann gehen sie. Johanna fährt wieder nach Germershausen und will auch erst am nächsten Morgen zurückkommen. Manuel möchte mit seinem Vater alleine sein. Es fällt mir schwer, aus dem Zimmer zu gehen, ich möchte meinen Jungen nicht allein lassen. Er ist noch ein Kind. Aber ich kann ihn verstehen. Also gehe ich in den Keller und hänge Wäsche auf, denn auch diese simplen Tätigkeiten müssen gemacht werden. Und genau diese simplen Tätigkeiten halten uns hier auf dieser Erde fest und regeln das Leben. Und vielleicht auch nur die nächste Stunde. Als ich fertig bin, gehe ich wieder nach oben. Manuel, Rebecca und Kirstin wollen

Skip-Bo spielen. Ein einfaches Kartenspiel, bei dem man nicht so sehr nachdenken muss. Unsere kanadische Austauschschülerin hatte es im vorigen Jahr mitgebracht. Nicole, Jonathan und Barbara wollen in Nickis Zimmer fernsehen.

Ich setze mich wieder einmal an Kallis Bett. Ich streichele seine Hände und seinen Kopf. Überall ist die Haut sehr kühl, und er reagiert überhaupt nicht mehr. Er ist sehr weit weg. Er ist auf dem Weg. Eigentlich ja schon seit 7 Monaten.

Wie wird unser Leben weitergehen? Bis hierher war es hauptsächlich ein Warten auf ein Ereignis, das wir alle nicht wollten. Jetzt in den letzten Wochen und Tagen sind wir reif geworden zu sagen, dass es gut ist, dass der Papa der Kinder, mein Mann, sein Leben vollendet. Es ist kein lebendiges Leben mehr! Ich denke an die letzten Tage mit den Anfällen und den immer weniger werdenden Reaktionen. Seine Atmung rasselt ein bisschen, aber immer noch so, dass es sich nicht zu beängstigend anhört. Trotzdem weiß ich, was es bedeutet und ich merke, dass ich nicht alleine hier sitzen will. Ich rufe bei einem guten Freund der Familie an und erzähle ihm, wie weit es jetzt ist. Auf seine Frage, ob er kommen solle, sage ich ja. Nach ein paar Minuten ruft er zurück, ob seine Partnerin mitkommen solle, aber ich brauche nur einen Menschen. Er kommt. Ich hole eine Flasche Wein. Erst wundere ich mich über mich selbst, dass mir in diesem Moment nach Wein zumute ist, aber ich habe das Gefühl, dass das so richtig ist. Ich öffne die Flasche und gieße uns die Gläser voll. Dann erzähle ich meinem Mann noch einmal von meiner großen Liebe zu ihm. Vielleicht hört er es ja doch. Ich wünsche es mir so sehr! Die Zeit unseres Kennenlernens, die Kinder, die Urlaube, die wir immer sehr genossen haben. Natürlich besonders die Urlaube zu zweit in der Rhön. Ach, und unser Haus, das so ein schönes und gemütliches Zuhause für mich geworden ist. Die Geborgenheit, die ich bei ihm gespürt habe. Ich spreche die ganze Zeit zu ihm, vielleicht auch ein wenig zu Elmar. Die Atmung verändert sich langsam. Die Atemzüge werden kürzer, oberflächlicher. Es klingt, als liefe er langsam voll. Aber dank der Spritze muss er nicht kämpfen. Mein Herz klopft, ich weiß, es wird nicht mehr lange dauern bis er wirklich tot ist. Wir schweigen, ich weine. Die Tränen laufen einfach so aus meinen Augen über mein Gesicht. Obwohl Elmar da ist, und die Kinder auch erreichbar sind, ist das Gefühl der Einsamkeit gigantisch.

3. Januar

Rebecca und Manuel geben Bescheid, dass sie im Dorf spazieren gehen wollen. Es ist spät. Mitternacht! Aber jetzt ist alles richtig. Wenn der Vater stirbt, ist die Ordnung durcheinander. Dann kann man auch nachts spazieren gehen. Wir leben schon so lange außerhalb der Ordnung, Schritt für Schritt gehen wir trotzdem weiter.

Kirstin bringt Barbara ins Bett und muss sie auch trösten, denn sie ist sehr erschüttert über den Abschied von Kalli. Er ist ihr Taufpate. Elmar und ich, wir sitzen immer noch am Bett und schweigen und reden auch ein bisschen. Über unsere gemeinsame Vergangenheit vor vielen Jahren in der Studentengemeinde, dann die Zeit, als unsere Kinder klein waren. Den ersten Weihnachtsfeiertag haben unsere Familien oft miteinander verbracht.

Die Atmung verändert sich immer mehr, die Atemzüge werden noch kleiner, noch flacher. Ganz gebannt schaue ich meinem Mann ins Gesicht, das Atemvolumen wird noch kleiner, dann ist kein Atemzug mehr zu hören. Er macht noch 4 Atembewegungen mit dem Mund, ohne dass Luft irgendwohin strömt. Die Abstände dauern 15 bis 30 Sekunden, dann ist es vorbei. Es ist 1.15 Uhr.

Der Tod und das Danach

Ich berühre ihn, streichele seine Hand und gebe ihm einen Kuss und spüre doch, jetzt bin ich wirklich allein. Mein Mann ist tot. Ich habe ihn doch so geliebt. Die Pumpe für die Matratze stelle ich ab. Jetzt soll Ruhe sein.

Manuel und Rebecca kommen gerade wieder, ich sage ihnen, dass Kalli eben gestorben ist. Elmar geht zu Nicole und Jonathan hoch, Kirstin bekommt es auch mit. Elmar bietet an, nach Germershausen zu Johanna zu fahren und sie eventuell zu holen. Er fährt los, sie kommt dann aber doch nicht mit. Sie möchte diese Nacht bei ihren Freunden verbringen. Manuel hat bei Schmüllings noch Licht gesehen. Ich rufe dort an und erzähle, dass Kalli gestorben sei. Michael und Andrea kommen. Bei Ilona rufe ich an, aber ich sage ihr, dass sie nicht kommen müsse.

Bei Michael und Ruth melde ich mich auch. Wir wussten alle, dass es geschehen würde, aber wenn es dann eintritt, ist die Situation doch schwer. Ich bitte Michael, am nächsten Tag seinen Eltern und Geschwistern Bescheid zu geben.

Wir sitzen im Wohnzimmer um den Tisch, Kalli liegt in seinem Bett neben uns und ist doch weg, für immer weg.

Ich erzähle von den letzten Stunden an seinem Bett. Eigentlich rede ich mehr so vor mich hin. Einige Momente der letzten Tage fallen den Kindern ein und sie erzählen dann auch. Sowohl von dem deutlich absehbaren Ende als auch von den kleinen Momenten der Überraschung. Es ist eine entspannte Stimmung unter uns, wir sind alle ganz ruhig, wie nach einer langen, sehr anstrengenden Arbeit. Und das war es ja auch.

Dann stelle ich meine Ideen für die Anzeige in der Zeitung und für die Trauerkarten vor: ‚Krebs zerstörte sein Wesen, dann nahm er ihm das Leben'. Außerdem die dritte Strophe eines Liedes von Oosterhuis als Motto. Ich kenne das Lied schon viele Jahre und nun passt es. Auch über die Beerdigung hatte ich schon nachgedacht. Wir sitzen bis gegen 3 Uhr zusammen, dann bietet Michael an, ein Gebet zu sprechen, bevor wir auseinander gehen. Darüber bin ich sehr froh, das gibt dieser Situation ein bisschen Struktur und Halt. Anschließend gehen Schmüllings nach Hause, Elmar fährt nach Seeburg, und wir wollen auch versuchen zu schlafen.

Als alle weg sind, gehe ich noch einmal an das Bett zu meinem toten Mann, gucke und setze mich noch einmal daneben, um diese Wahrheit zu spüren. Die Haut ist schon viel kühler geworden, sie gibt nicht mehr nach, wenn ich sie streichele. Ich warte auf Tränen, aber es kommen keine. Dann lege ich mich in mein Bett, insgesamt ziemlich hektisch zittrig, aber ich kann dann doch 3 Stunden schlafen. Die letzte Nacht neben meinem Mann.

Aufstehen, anziehen. Ich gehe wieder zu seinem Bett, er sieht sehr entrückt aus. Ilona kommt, sie hat eine Kanne Kaffee mitgebracht. Sie geht an sein Bett, schaut und umarmt mich dann. Sie bietet weitere Hilfe an und will sich um die Sargträger kümmern. Im Dorf ist es Sitte, dass das, wenn möglich, Freunde und Nachbarn übernehmen. Manuel möchte gern mittragen, aber Ilona meint, dass sein Platz bei seinen Geschwistern und mir sei. Er ist traurig, aber er sieht es ein. Oma Käthe holt Brötchen, dann kommt sie herein und guckt, weint und kondoliert.

Gegen 8 Uhr kommt die Hausärztin. Sie untersucht Kalli und stellt den Totenschein aus. Dann schaut sie sich noch einmal in aller Ruhe um und sagt dann: „ So sterben die wenigsten!" Außerdem meint sie, dass ich ihn rechtzeitig anziehen solle, weil die Totenstarre bald einsetzen würde. Sie verabschiedet sich.

Kirstin kommt jetzt von oben, und wir ziehen ihn gemeinsam an. Die Kleidungstücke habe ich schon vorher ausgesucht. Es sind die Sachen, die er zuletzt anziehen konnte, denn für Anzug oder Hose war er viel zu dick geworden. Das Anziehen geht gerade noch so, die Arme sind schon ein bisschen steif. Beim Aufrichten, um Pullover und T-Shirt hinten am Rücken herunter zu ziehen, entweicht Kalli noch ein Seufzer. Wir kriegen beide einen kleinen Schreck, aber das sind Luftreste, die entweichen. Dann decken wir ihn wieder zu und richten Decke und Kissen. Die letzte Tat an meinem Mann. Anschließend räume ich alle Medikamente und Hilfsmittel und das Babyphon zur Seite. Das sind Sachen, die hier nicht mehr gebraucht werden. Sie stören den Anblick der Endgültigkeit. Die dicke rote Kerze auf dem Tisch zünde ich an. Dann rufe ich bei dem Beerdigungsunternehmer im Nachbarort an, um für den Nachmittag einen Termin auszumachen. Er kommt aber schon vormittags vorbei, um die Formalitäten zu besprechen: Sargträger, Sarg aussuchen, Termin und die vielen anderen Sachen, die benötigt werden. Für den Sarg hat er einen Katalog dabei. Die Kinder kommen dazu. Dabei fällt mir ein, dass Freunde vor vielen Jahren in Anspielung auf sein Umweltbewusstsein mal gesagt haben, dass Kalli, wenn er sterben würde, eigentlich in einem Jutesack beerdigt werden müsse. Ich erzähle das dem Bestatter. Er fühlt sich dadurch vielleicht etwas weniger angestrengt, und so finden wir einen schönen hellen Kiefernsarg. Am wichtigsten ist mir, dass Kalli noch eine Weile hier bleiben kann, dass wir und Freunde und Verwandte in Ruhe Abschied nehmen können. Wir vereinbaren die Abholung für 16 Uhr. Dann gebe ich ihm die vorbereitete Anzeige für die Zeitung und für die Karten. Ich hatte Zeit genug, Texte zu sichten und Worte zu finden für diese Ungeheuerlichkeit. Eine Liedstrophe von Oosterhuis ist mir wichtig geworden. Dazu klingt mir immer auch die Melodie im Ohr, und ich weiß, dass dieser Text zumindest für mich seine Gültigkeit behalten wird.

Irgendwann frühstücken wir. Währenddessen kommen dann schon die ersten Verwandten und Freunde: die beiden Schwestern von Kalli, Peter aus dem Kloster, Michael. Ich gehe mit jedem an Kallis Bett, wir stehen dort. Ich weiß ja schon, was sie dort sehen, aber immer bin ich gespannt auf ihren Gesichtsausdruck. Und ob sie ihre Bewegtheit zulassen können. Dann kann ich sie mir auch gestatten. Danach gehen wir in die Küche, dort trinken wir Kaffee und reden. Zwischendurch machen wir belegte Brötchen. Bei aller Trauer haben wir doch Hunger. Im Lauf des Vormittags ziehe ich mich zum Telefonieren zurück. Innerhalb einer Stunde habe ich den meisten Bescheid gesagt. Ulrich kann ich noch nicht erreichen, aber ich bitte im Kloster darum, ihm auszurichten, dass Kalli gestorben sei. Irgendwann ruft er an, und wir können den Termin für die Beerdigung festlegen: Mittwoch den 7.1. um 14 Uhr. Das ist in Ebergötzen die übliche Uhrzeit, und die möchte ich gern beibehalten. Wir machen noch einen Termin für die Vorbesprechung aus, und dann rufe ich bei den weiter entfernt wohnenden Freunden und Verwandten an, um den Beerdigungstermin durchzugeben. Die anderen erfahren es früh genug durch die Zeitung oder über die Karten. In den letzten Wochen haben Nicole und ich die Adressen aller Bekannten und Verwandten in unseren Computer getippt, die also nur noch ausgedruckt werden müssen.

Es regnet den ganzen Vormittag schon in Strömen, als wollte auch der Himmel weinen.

Gegen Mittag kommen immer mehr Menschen und wollen von Kalli Abschied nehmen. Freunde aus dem Dorf, Nachbarn, Freunde aus der näheren Umgebung. Tante Anni und Onkel Benno kommen mit einem ihrer Kinder mit. Onkel Benno betritt das Haus, bleibt im Vorbau stehen und kann sich gar nicht fassen. Er dreht sich zum Fenster und schaut auf den Hof. Seine Schultern zucken. Tante Anni hat Tränen in den Augen, sie weint und zeigt es auch. Das tut so unendlich gut. Sie wollten die Schwere von Kallis Erkrankung fast bis zuletzt nicht wahrhaben. Peter aus der Heide kommt. Es regnet immer noch.

Wir kochen Kaffee und Tee, ich hole den Weihnachtsstollen und Plätzchen aus dem Keller. Es ist ein ständiges Kommen und Gehen. Zwischendurch fällt mir ein, dass ich Kalli auf dem Totenbett noch fotografieren will. Tante Anni ist damit nicht ganz einverstanden, aber sie lässt mich gewähren. Bilder halten so vieles fest, was man in aufregenden Zeiten vielleicht übersieht. Ich weiß, wie genau ich die Bilder meiner Kindheit angeschaut habe, um Neues zu erfahren, oder mir anderes erklären zu können. Und deshalb will ich diese Bilder machen.

Gegen 15 Uhr sind nur noch Peter und Kirstin mit ihren Kindern da. Wir räumen ein bisschen auf, und dann kommen zwei Männer vom Bestattungsunternehmen mit dem schwarzen Auto. Sie holen den Sarg aus dem Auto und wollen damit ins Haus, aber das geht nicht. Die Ecken bis zum Wohnzimmer sind zu eng. Sie stellen den Sarg im Vorbau ab. Immer noch strömt der Regen. Sie ziehen sich Gummihandschuhe an und kommen dann mit ins Wohnzimmer. Sie nehmen die Decke weg und tragen mit Hilfe des Bettlakens Kalli zum Sarg. Als sie sich bücken, um ihn im Sarg abzulegen, platzt einem der Mitarbeiter die Hose. Das ist ihm sehr peinlich, aber wir müssen alle lachen. Da kann er weiterarbeiten. Kalli liegt im Sarg. Sie

133

falten ihm die Hände, was schon schwierig ist wegen der Totenstarre, und geben mir Gelegenheit, noch ein Gebet zu sprechen. Wir stehen im Hausflur, der Sarg im Vorbau. Kalli ist schon unterwegs. Peter und Kirstin stehen hinter mir.

Der Deckel wird aufgelegt, und sie tragen den Sarg zum Auto. Die Klappe wird geschlossen, und das Auto fährt vom Hof. Ich schaue hinterher. Jetzt ist Kalli ganz fort. Für immer! Und es regnet weiter. Sie bringen ihn in die Friedhofskapelle hier in Ebergötzen. Das finde ich tröstlich, so muss er nicht so weit fahren.

Es ist schon fast dunkel, Kirstin möchte mit ihren Kindern nach Hause fahren, während Peter noch bis morgen bei uns bleiben wird, um uns zu unterstützen. Ich bin froh, dass das möglich ist. Für Kirstin und die Kinder wird es eine anstrengende Fahrt bei Regen und Sturm, aber sie kommen gut zu Hause an. Wir sitzen noch zusammen, gehen die Termine für den morgigen Tag durch und erzählen noch ein wenig von den letzten 7 Monaten.

Wir sind alle ziemlich erschöpft und gehen früh zu Bett. Seit Monaten gehe ich zum ersten Mal wieder in mein eigenes Bett im Schlafzimmer. Nicht mehr das Gästebett, und nicht mehr im Wohnzimmer. Ich freue mich, dass ich mein Bett wieder habe. Gleichzeitig schießen mir die Tränen in die Augen, weil es so überdeutlich ist, dass ich jetzt hier allein drin liegen werde. Mein Mann liegt woanders.

Morgen früh werden um 8 Uhr die Glocken läuten! Für meinen verstorbenen Mann. Ich fürchte mich. Im Sommer habe ich dieses Läuten schon einmal gedanklich vorweggenommen. Damals hatten wir noch ein paar Monate Zeit, auch wenn ich wusste, dass es bald sein würde.

Ich werde früh genug wach, es dämmert schon, ich bleibe noch ein wenig liegen, stehe dann aber auf. Es gibt so viel zu denken, die Routinehandgriffe für Kallis Pflege fallen weg, das Bewusstsein darüber schüttelt mich vor Weinen. Ich decke den Frühstückstisch, da läuten die Glocken. Ich öffne die Fenster, um es besser hören zu können. Ich weine und weine und spüre gleichzeitig die Sicherheit dieses Ritus: nach den vielen Besuchen gestern ist dies das zweite Zeichen des Abschieds der Dorfgemeinschaft. Wie oft habe ich schon die Glocken läuten gehört, und wenn ich dann nicht wusste, wer im Dorf verstorben ist, bin ich zu Ilona gegangen, um sie zu fragen. So wird es heute manch anderen ergehen.

Im Laufe des Vormittags fahren Peter und ich zur Gaststätte, in der wir uns mit den Trauergästen nach der Beerdigung treffen wollen und sprechen dort ab, mit wie vielen Kaffeegästen wir wohl zu rechnen haben. Anschließend geht es weiter zum Bestatter, um dort mit ihm die endgültige Form der Todesanzeige festzulegen. Er regelt den Rest dann mit der Redaktion der Tageszeitung. So kann die Anzeige am Montag erscheinen und ist noch früh genug für eine Beerdigung am übernächsten Tag. Auch die Karten wird er am Montag bringen, die dann noch verschickt werden müssen. Nicole hat Adressaufkleber besorgt, die wir mit Hilfe des PC bedrucken können.

Peter fährt nachmittags wieder nach Hause. Jetzt sind wir allein. Ich sitze im Wohnzimmer, neben dem leeren Bett. Die letzten Wochen stehen mir wieder vor Augen.

Ich plane die Dekoration für den Sarg in der Friedhofskapelle. Kalli hat mir vor vielen Jahren einen siebenarmigen Leuchter in der Werkstatt von Onkel Benno geschmiedet. Im Herbst hatte ich schon Kerzen in den Regenbogenfarben gekauft. Dieser Leuchter soll auf dem Sarg in der Kapelle stehen. Der Regenbogen als Zeichen der Hoffnung, dass das Leben irgendwie weitergeht. Ich weiß noch nicht wie, aber ich weiß, dass es für uns weitergehen muss. Außerdem noch die Osterkerze vom vorletzten Osterfest in der Bildungsstätte. Ein Freund hatte sie geschmückt am Abend vor der Feier der Osternacht und sie uns geschenkt, als beim nächsten Ostern die neue Osterkerze gebraucht wurde. Die Osterkerze auch als Zeichen, dass es vielleicht Hoffnung gibt. Die rote Kerze, die ich an Weihnachten entzündet hatte, und die all die Tage gebrannt hatte, sie soll auch mit. Sie soll an diese letzten Tage erinnern.

Blumen und Kränze sind mir nicht so wichtig.

Am Montag rufe ich bei dem Sanitätshaus an, dass sie das Bett holen können. Gegen Mittag wollen sie kommen. Wir räumen das Wohnzimmer auf. Die Kinder schieben das Gästebett auf den großen Rollen quietschend über den Hof wieder zu den Nachbarn. Wir brauchen es nicht mehr. Die Männer aus dem Sanitätshaus kommen und bauen das Krankenbett auseinander. Die Erinnerungen an die Zeit des Aufbaus kommen. Ist es wirklich erst 3 Monate her? Manuel und ich, wir holen aus der Werkstatt die beiden Sessel, die dort zwischengelagert waren. Die Kissen lagern in unserem Schlafzimmer.

Der Weihnachtsbaum steht noch, aber den möchten wir auch stehen lassen. Er ist beinah so etwas wie ein Zeuge. Ein Zeuge dieses fürchterlichen Geschehens.

Heute Nachmittag kommt Ulrich, um mit mir den Ablauf der Beerdigung zu besprechen. Vorher bringt der Bestatter die Trauerkarten.

135

Die Kinder stecken die Karten in die Umschläge und beschriften sie. Bis 16 Uhr müssen sie bei der Post sein. Ich ziehe mich mit Ulrich ins Wohnzimmer zurück und erzähle von meinem Wunsch, den Regenbogen als Symbol der Hoffnung zum Thema zu machen. Das Lied aus der Anzeige wird auch gespielt werden. Ich werde meinen Cousin Michael fragen, ob er das auf der Orgel spielen kann. Ein anderes Lied ist mir sehr wichtig: Wir sind nur Gast auf Erden. Die ewige Heimat als Ziel, das erschien mir schon immer tröstlich. Auch wenn ich weiß, dass ich dabei sicher weinen muss. Das war noch nie anders. Was ich nicht haben will, ist das Gebet am Grab für den, der als nächster aus dieser Runde sterben wird. Das habe ich so furchtbar von Gerds Beerdigung im Kopf. Ulrich kennt uns gut, so bespreche ich mit ihm nur ungefähr, wie ich mir seine Ansprache vorstelle. Ich finde es schön, wenn bei einer Beerdigung das Leben des Verstorbenen noch einmal in groben Zügen ausgebreitet wird. Ein letztes Mal werden in der Öffentlichkeit einige Seiten erwähnt. Auch kommt die Familie vor, was uns auch gut tun wird, denn unsere Aufgabe ist, dann ohne ihn weiterzuleben. Weihrauch als wichtiges sinnhaftes Zeichen beim Segnen des Grabes legen wir ebenso fest. Mich erinnert er an die vielen Osternachtsfeiern in Germershausen, in denen der Altar, die Gläubigen und die Osterkerze mit Weihrauch gesegnet wurden. Der steigt dann in die Nase und erinnert ganz einfach. Wir sind bald fertig und verabreden uns für den kommenden Tag zu einem kurzen Treffen in der Kapelle, um die Möglichkeiten der Musik und des Raumes zu erkunden. Ganz zuletzt fällt Ulrich noch ein, dass wir nicht vom Grabkreuz gesprochen haben. Ich danke ihm für diese Erinnerung, denn wir hatten uns das zwar vorgenommen, aber bis jetzt doch vergessen.

Johanna und ich gehen anschließend in die Scheune, um aus den vielen hier gelagerten Brettern die richtigen Hölzer zu suchen und werden fündig. Kalli hat viel aufgehoben. Wir überlegen die endgültige Größe und Manuel sägt das Holz zurecht. Johanna sucht am PC die richtige Schriftart und Schriftgröße aus und will am nächsten Tag den Namen mit einem Lötkolben ins Holz brennen.

Am Abend kommt Alfons, und wir besprechen den Trauergottesdienst, der in der Wallfahrtskirche in Germershausen gefeiert werden wird. Es ist erst 8 Tage her, dass Alfons hier war. Ich erzähle ihm von den letzten Tagen und Stunden, und nebenbei legen wir ein paar Lieder fest. Bei den Texten greifen wir auf die im Messbuch zurück. Die Kirche gibt einen Rahmen, und mir tut es gut, mich dem zu überlassen. Ich spüre eine abgrundtiefe Müdigkeit. Johanna wünscht sich einen Schluss-Segen für den Gottesdienst aus einem

Heft mit irischen Segensgebeten. Als sie ihn vorliest, kommen ihr die Tränen. Es tut so weh.

Zwischendurch klingelt es immer mal wieder an der Haustür, und Menschen aus dem Dorf geben ihre Trauerkarten ab. Manchmal stecken sie sie auch in den Briefkasten. Wir schauen nach und legen lange Listen an, um später bei den Danksagungen niemanden zu vergessen.

Irgendwann essen wir. Es gibt so viel zu regeln. Der Bestatter brachte mir auch Sterbeurkunden mit, die ich an die verschiedenen Versicherungen und Kassen weitergeben muss.

Der Dienstag ist beinah ein Ruhetag. Ich gehe zum übernächsten Nachbarn, der eine Holzwerkstatt hat und bitte ihn, die beiden Hölzer zu einem Kreuz zu verbinden. Er sagt zu und bringt das Kreuz nach kurzer Zeit wieder vorbei. Jetzt kann Johanna den Namen einbrennen. Manuel muss zum Arzt, er ist sehr erkältet, mit Fieber, und wenn sich das nicht bessert, kann er morgen nicht zur Beerdigung. Es ist einfach zuviel für einen Jungen. Aber ich kann es doch nicht ändern. Er kriegt ein Antibiotikum und legt sich sofort wieder ins Bett. Dann treffe ich mich mit Ulrich auf dem Friedhof. Vorher fahre ich bei unserem Blumenladen vorbei, um Rosen zu kaufen, die wir dem Kalli morgen in das offene Grab nachwerfen können. Die Besitzerin kommt sofort um die Theke herum auf mich zu und reicht mir die Hand, um mir ihr Beileid auszudrücken. Den Rosenstrauß brauche ich nicht zu bezahlen. Soviel Freundlichkeit bewegt mich, und ich muss mich schnell verabschieden. Ich will nicht weinen, ich habe Angst, dass ich nicht wieder aufhören kann. Dafür ist jetzt keine Zeit.

Auf dem Friedhof wartet Ulrich schon auf mich. Wir gehen das Programm noch einmal durch und klären die Möglichkeiten für die Musik. Es ist alles geregelt, der Bestatter kommt mit nach Hause, um die Kerzen und die Leuchter abzuholen.

Der Rest des Tages vergeht in Schweigen. Ich fürchte mich vor morgen, gleichzeitig weiß ich, dass alle, die kommen, ihren Abschied von Kalli aushalten müssen. Und sie kommen, um uns ihre Anteilnahme zu zeigen.

Beerdigung

Ich bin zittrig, das Frühstück läuft nebenbei, das Telefon klingelt, und irgendwann rollt das erste Auto auf den Hof. Zwischendurch ziehe ich zum ersten Mal meine schwarze Trauerkleidung an. Als

Kind hatte ich nichts Schwarzes, um die Trauer über den Tod meiner Eltern zu zeigen. Ich hatte mir vorgenommen nur beim Tod von Ehemann oder Kindern Trauerkleidung zu tragen. Nun war es soweit. Im Lauf des Herbstes hatte ich mir einige Kleidungsstücke in schwarz zugelegt, weil ich ja wusste, dass ich es brauchen würde. Freunde aus Hamburg kommen und bringen ein warmes Mittagessen mit. Wir umarmen uns, der Mann forscht in meinem Gesicht und meint, ich dürfe nicht hart werden. Kurz drauf kommt meine Schwester mit ihrer Familie. Sie bringen eine gute Freundin aus Fulda mit. Auch sie haben etwas zu Essen dabei: Kartoffelsalat. Die Begrüßung ist eine Mischung aus Freude über das Wiedersehen und Schmerz über den Tod von Kalli. Meine Tante aus Fulda ist mit meinem Cousin Manfred mitgekommen. Als ich Tante Wilma begrüßen will, bricht der ganze Schutzwall, den ich für mich aufgerichtet hatte, zusammen. Tante Wilma ist diejenige, die beide Trauergeschichten verbindet: den Tod meiner Eltern in meiner Kindheit, und nun den Tod von Kalli. Sie kannte ihn und mochte ihn, und weiß, wie glücklich wir zusammen waren. Ich umarme sie, spüre den Fellmantel und weine und weine.

Wir sitzen alle zusammen am Tisch und essen ein wenig, dann wird es Zeit zum Aufbruch. Andere Freunde kommen, wir erklären kurz, wo der Friedhof ist und brechen langsam auf. Ich möchte selbst fahren. Als wir damals zur Hochzeit fuhren, wollten wir selbst fahren, und so geht es mir heute auch. Die vielen Fahrten ins Krankenhaus und wieder zurück. Ebenso nach Kassel und wieder nach Hause. Die musste ich selbst fahren. Deshalb will ich das heute auch. Als wir um die letzte Kurve vor dem Friedhof kommen, sehen wir schon die lange Schlange parkender Autos, die sich den Feldweg entlang zieht. Wir stellen uns dahinter, nehmen unsere Rosen und machen und auf den Weg. Wie gut, dass wir so viele sind. Wie oft haben wir uns das in der Zeit der Krankheit gesagt, und auch für heute stimmt das wieder. Wir biegen in den Friedhof ein, da stehen schon sehr viele Menschen. Bei anderen Beerdigungen habe ich mich immer zu denen gestellt, die auf dem Anstieg zur Kapelle stehen. Aber diesmal muss ich bis in die Kapelle. Dort sind Plätze für uns. An der Tür hebe ich meinen Blick, der helle Kiefernsarg, die Kerzen, der siebenarmige Leuchter. Die Plätze sind fast alle belegt bis auf die ersten beiden Reihen auf der linken Seite. Ganz vorne sitzt Ulrich, ich setze mich daneben. Die Kinder gehen in die Reihe hinter mir. Ich fühle mich allein, gleichzeitig weiß ich, dass es so richtig ist.

Das Ritual beginnt: Gesang, Gebet, Text, Ansprachen, Musik zum Zuhören. Ich schaue immerzu den Sarg an und stelle mir vor, wie Kalli darin liegt. Er ist so unendlich weit weg, auch wenn ich den Sarg fast berühren kann. Aber er war zu Lebzeiten schon weit weg, aufgrund seiner fürchterlichen Krankheit. Jetzt wird eigentlich nur sichtbar, was wir schon so lange erleben mussten. Der Gottesdienstteil in der Kapelle ist zu Ende, Ulrich spricht noch die Einladung zum Kaffee in der nahe gelegenen Gaststätte aus. Die Träger kommen, heben den Sarg und wir gehen hinter dem Sarg nach draußen. Wir biegen nach rechts ab, um zu dem Grab zu gelangen, da schaue ich einmal auf und bin erschrocken, wie viele Menschen da draußen stehen. Der Weg ist matschig, mit aller Vorsicht gehen wir weiter, bis wir angekommen sind. Die Kinder und ich und Ulrich stehen vor dem vorbereiteten Erdloch. Alle anderen in großem Bogen um uns herum. Ein paar Worte, der Segen, dann wird der Sarg hinuntergelassen. Noch ein Gebet, Ansprachen, und alle kommen anschließend zu uns, um uns die Hand zu reichen oder uns zu umarmen, um ihr Mitgefühl auszudrücken. Bei manchen Todesanzeigen steht dabei, dass von Beileidsbekundungen am Grab bitte abzusehen sei. Ich hatte aber von Anfang an den Wunsch, diese Zeremonie zu erleben. Sie bringt noch einmal ganz viel Erinnerung an gemeinsam Erlebtes mit dem Verstorbenen. Gleichzeitig tröstet die Berührung, denn der Körper leidet auch. Es dauert lange. Es sind viele Menschen. Bekannte und Freunde aus dem Dorf, Freunde von weit her, Arbeitskollegen, seine Vorgesetzten, Verwandte. Erst kommen sie zu mir, dann gehen sie ein paar Schritte weiter und sind dann bei den Kindern. Die stehen zusammen, wie um sich gegenseitig zu stützen.

Der Himmel reißt auf, die Sonne scheint. Wärme schafft sie allerdings nicht. In der Ferne liegen die Harzberge, davor das Eichsfeld: Kallis Heimat. Er hat einen schönen Platz. Die letzten kommen, ein Großteil ist auch schon gegangen. Wir stehen immer noch, Freunde finden sich, die sich lange nicht mehr gesehen haben, eine Freundin macht ein paar Fotos. Jemand kommt auf mich zu und meint, dass wir doch zum Kaffee gehen sollten. Ich erkläre, wo die Gaststätte liegt und gehe mit vielen anderen zu Fuß, Johanna nimmt das Auto mit. Als wir ankommen, wird schnell klar, dass wir mit weniger Menschen gerechnet haben, aber das ist kein Problem. Die Wirtsleute zeigen, wo noch Tische und Stühle stehen, Geschirr wird geholt, und irgendjemand macht die Bemerkung, dass dies Kalli gefallen hätte. Spontaneität war ihm ein Wesenszug, und hier, bei seinem letzten Fest, passt es genau hin. Kaffee und Kuchen, und als das nicht mehr reicht, Plätzchen und belegte Brote. Alle finden Platz und nach anfänglichem ruhigem Gespräch mit den direkten Tischnachbarn entsteht Bewegung. Alte Bekannte rücken zusammen, Erinnerungen werden ausgetauscht, an Kalli, aber auch an gemeinsame Arbeit innerhalb der Jugend der Gemeinde St. Paulus und der Studentengemeinde. Die Kinder sitzen mit ihren Freunden zusammen, die auch zur Beerdigung gekommen sind. Ich fühle mich getragen von viel Wohlwollen und Fürsorge. Mit vielen kann ich reden, und immer wieder erzählen sie auch Erinnerungen an Kalli. Das tut weh, aber es ist auch sehr schön. Einige verabschieden sich, der Heimweg ist weit, so meine Schwester mit ihrer Familie und meine Tante aus Fulda.

Wir bleiben noch, aber so nach und nach verabschieden sich mehr, und dann wird es Zeit, zur Kirche zu fahren. Das Requiem in Germershausen wird am Abend gefeiert. Ein kurzer Zwischenstopp zu Hause, dann geht es weiter. Wir sitzen vorne in der ersten Bank, die Kirche ist fast voll. Ich spüre langsam die Last dieses Tages abfallen. Ich erinnere mich an den Tod von Mike, unserem Neffen. Damals war die Anordnung ebenso: Mittags die Beerdigung und am Abend die Eucharistiefeier. Damals habe ich gerade den Abendgottesdienst als sehr tröstlich empfunden, deshalb wollte ich das bei Kalli auch gerne so arrangiert haben. Und mein Gefühl in der Kirche gibt mir Recht. Wir haben unser möglichstes getan, jetzt ist jemand anders dran. Gott? Ich weiß es nicht. Der äußere Rahmen gibt mir lange Sicherheit, irgendwann wird er durchlässiger, aber noch hält er. Willi spielt die Orgel, Alfons ist vorne am Altar, die Kinder sind neben mir, viele Menschen sind gekommen um Kallis Willen. Ich bin da, aber gleichzeitig doch innerlich weit weg. Erst als ich während der Kommunion einige Bekannte sehe, die nicht bei der Beerdigung sein konnten, aber wenigstens hierher kommen wollten, schüttelt es mich. Auch sie wollen Abschied nehmen. Die Realität hat mich wieder eingeholt. Nach dem Gottesdienst, vor der Kirche gilt es noch einmal viele Hände zu schütteln, dann fahren wir nach Hause. Freunde kommen noch mit, die bei uns übernachten. Wir essen eine Kleinigkeit, sitzen in der Küche und erzählen ein wenig. Aber eigentlich gibt es nicht mehr viel zu erzählen, wir sind alle erschöpft und gehen bald zu Bett. Mit den Kindern spreche ich ab, dass sie die beiden restlichen Tage dieser Woche nicht zur Schule müssen, dass es erst am Montag für sie weitergehe.

Am nächsten Morgen frühstücken wir zusammen, dann reisen die Freunde ab, wir sind allein.

Fast ein Jahr später der Weihnachtsrundbrief an Freunde und Verwandte:

Advent 1998

Ihr Lieben,

eigentlich habe ich mich eben voller Tatendrang an die Schreibmaschine gesetzt, aber als ich dann anfangen will zu schreiben, ist der Elan dahin. Was soll ich schreiben? Das Wichtigste, was jeden Tag neu auszuhalten ist und war, ist die Tatsache, dass ich ohne Kalli leben muss, dass mir seine Nähe, seine Bestätigung, seine Freude über mich, seine Unterstützung, sein Streicheln und seine Liebe fehlen. Und diesen Stress kann man nicht delegieren oder Urlaub davon nehmen, er ist ständig da. Er bildet den Hintergrund für alles, was ich im Moment erlebe. Manchmal, wenn ein Auto auf den Hof fährt, dann kommt für einen kurzen Moment die irrsinnige Hoffnung: jetzt kommt er, und im selben Augenblick weiß ich doch, es wird nie wieder sein.
Um wenigstens ein bisschen Sicherheit zu spüren, haben wir in diesem Jahr viele Dinge so gemacht, wie wir sie mit Kalli auch gemacht hätten. Die Riten als Geländer oder Stege durch unwegsames Gelände oder über Abgründe hinweg. Sie tragen, bieten Halt, ich muss das Rad nicht neu erfinden! Und trotzdem oder vielleicht auch gerade deswegen war und ist nichts mehr so wie es war. Das Frühjahr im Garten, Ostern in Germershausen, Johannas Abitur, Urlaub in Dänemark, Nicoles Auszug, Probleme mit dem Haus, ein neues Auto, die Geburtstage und jetzt die Adventszeit.
Jonathan hat Tanzstunde gemacht, da stand ein Abschlussball an. Da kam mir dann die Idee, dass dafür doch sicher ein Taufpate zuständig sein könnte.
Schlimm war auch die Abiturientenentlassungsfeier. Der Gedanke: das hat er nicht mehr erlebt, das kann ich ihm nicht mehr erzählen, unser Leben geht ohne ihn weiter, das ist manchmal schwer zu ertragen. Aber wir haben auch Hilfe, Nachbarn, Freunde aus der näheren und weiteren Umgebung, Verwandte. Die Beziehungen sortieren sich neu, das müssen wir alle lernen. Während Kallis Krankheit hatte ich mir psychotherapeutische Hilfe gesucht, und im Laufe

dieses Frühjahrs hat dieser Therapeut seinem Leben selbst ein Ende gesetzt. Manche Stützen sind keine. Trotzdem weitersuchen!

Meine Kinder! Ich mag nicht ungefragt über sie schreiben, sie sind im letzten Jahr deutlich erwachsener geworden, es gibt Momente großer Nähe, ebenso Zeiten weltallgroßer Distanz. Meine Ängste, sie mit meinem Kummer zu sehr zu beschweren, andererseits ihnen in ihrem Trauern nicht ausreichend helfen zu können.

Gestern haben wir gemeinsam einen Grabstein ausgesucht und all die zusätzlichen Dinge festgelegt, die da so zugehören.

Auch meine Beziehung zu Gott ist weg, anders, neu zu finden? Was soll ich Weihnachten „feiern". Ich habe für mich die Formulierung gefunden: Weihnachten aushalten! Auch dabei werden uns die kleinen Riten helfen: Hartwigs kommen, wir werden zur Seulinger Warte gehen, die Christmette erleben.

Eure Angelika